बरसी

बरसी

डॉ. वयला वासुदेवन पिल्लै

हिन्दी अनुवाद

के. जी. बालकृष्ण पिल्लै

प्रो. एस. तंकमणि अम्मा

वाणी प्रकाशन

वाणी प्रकाशन

4695, 21-ए, दरियागंज, नयी दिल्ली 110 002

शाखा

अशोक राजपथ, पटना 800 204

फ़ोन: +91 11 23273167 फ़ैक्स: +91 11 23275710

www.vaniprakashan.in
vaniprakashan@gmail.com

BARSI
by Dr. Vayala Vasudevan Pillai
Translated by K.G. Balkrishna Pillai
Prof. S. Tankmani Amma

ISBN : 978-93-5000-770-9

Play

प्रथम संस्करण

मूल्य : ₹ 125

आर. टेक ऑफ़सेट, दिल्ली-110095 में मुद्रित

वाणी प्रकाशन का लोगो मक़बूल फ़िदा हुसेन की कूची से

पात्र

पुजारी (निर्देशक, विदुर)

युवक (कर्ण)

अर्जुन

अभिमन्यु

शकुनि

शल्य

सेनानी

मेधा (गान्धारी)

सारा (कुन्ती)

अरुन्धती (सुभद्रा)

अजिता (हिडिंबा)

स्नेहा (द्रौपदी)

सखी

स्त्रियों का एक दल

गायकों का एक दल

पृष्ठभूमि – कुरुक्षेत्र की रणभूमि

काल – इस विश्वास के साथ कि मृतकों का पिंडदान करने के लिए साल में एक दिन पाँचों पांडव कुरुक्षेत्र में वापस आते हैं, फलतः इस दिन उनके स्वागत हेतु स्थानीय निवासियों द्वारा अनुष्ठान स्वरूप पुनः प्रस्तुत किए जानेवाले युद्ध-दृश्य

बरसी

वे आ रहे हैं वार्षिक श्राद्ध अर्थात बरसी के लिए।
उन्हें सन्तुष्ट करना है।
उनके द्वारा किए गये कर्मों को पुनः प्रस्तुत करना है।
इस प्रकार, यह कुरुक्षेत्र की एक नवीन प्रस्तुति है।

दृश्य एक

कुरुक्षेत्र। वह अनुष्ठान-भूमि/वेदी जो द्वापर युग में अठारह दिनों तक चले घमासान युद्ध की स्मृतियों की साक्षी रही है। उसके ठीक पीछे एक छोटी-सी वनस्थली है जो पूजा के लिए लगाई गयी है और पास ही उससे लगा हुआ एक तालाब है। वनस्थली में आज दीप-प्रज्वलन का अनुष्ठान होनेवाला है। साल में केवल एक बार वहाँ गाँववाले एकत्र होते हैं और वार्षिक श्राद्ध का आयोजन करते हैं। वृत्ताकार छोटी वनस्थली में पांडवों और महर्षि व्यास की मूर्तियाँ प्रतिष्ठित हैं। दीप-प्रज्वलन के इस वार्षिक उत्सव में मानो वे जीवंत हो उठती हैं।

पुजारी : वार्षिक श्राद्ध एक असाधारण अनुष्ठान है। यह वह दिन है जब कुरुक्षेत्र में मरने वालों और मारे जाने वालों को याद किया जाता है। समस्त तैयारी पूरी हो जाने के उपरान्त सारे गाँव के लोग मन्त्रोच्चारण के साथ एक भावना से प्रार्थना करेंगे–"पांडव कुमार! कृपया पधारें। उनके विरुद्ध युद्ध करने वाले भी कृपया पधारें। अन्य सभी जन भी कृपया पधारें।" इसके पश्चात् सब लोग अंतर्मन से प्रार्थना करते हुए मौन धारण करेंगे।...उस मौन में...

(दूर से आ रहा शोर सुन कर) हाँ, तो आप यह शोर सुन रहे हैं न? पूर्वी इलाके वाले श्रीकृष्ण की मूर्ति लिये जुलूस में आ रहे हैं। यदि थोड़ा हट कर इधर खड़े हो जाएँ तो उन्हें अच्छी तरह देख पाएँगे।

पुजारी : अब कुरुक्षेत्र पर पहरा लग गया है। यदि पंच-पांडव ही पहरा दें तो भला किस का डर?...
वे सच्चे भक्तों के भीतर प्रवेश करेंगे। पर-काया-प्रवेश! और एक बार फिर कुरुक्षेत्र का युद्ध यहाँ पूरे मनोयोग और प्रभाव के साथ अभिनीत होगा।

(धीरे-धीरे पुजारी निर्देशक बन जाते हैं।)

निर्देशक : पांडव और कौरव यहीं हैं। शकुनि और विदुर भी यहीं हैं। द्रौपदी और दुःशासन और कहीं नहीं यहीं हैं। दुःशासन के रक्त से भीम द्रौपदी के केश सँवार रहे हैं। गान्धारी विलाप करती ही जा रही हैं। कहीं ठौर-ठिकाना पाये बगैर कुन्ती भटक रही हैं। दुर्योधन की प्रतिहिंसा की भावना अभी शान्त नहीं हुई है। भीम की भी यही स्थिति है। वे नहीं जानते कि पापेच्छा का अंकुर विष ही उगलता है। सब के द्वारा उपेक्षित और किसी अन्य के द्वारा पाला गया कर्ण यहीं है। गली के बालक आदि।
अच्छा हुआ, हमारी नाट्यशाला भी तैयार हो गयी है। युद्ध के इस दृश्य को उनके समक्ष प्रस्तुत करने के लिए पुनः मंचन हेतु तैयार हो जाओ।

निर्देशक : सब अभी तक नहीं आये। मंचन के दिन भी नट और नटियाँ देर से आएँ तो क्या किया जाए? *(युवक से)* इधर आओ, तुम यहाँ का ध्यान रखो। मैं अभी आया। *(बाहर जाते हैं)*

मेधा : *(प्रवेश करती है। सामाजिक कार्यकर्त्री। स्वभावतः शारीरिक सौन्दर्य का विशेष ख्याल न रखनेवाली। पीछे सारा भी है। दोनों मध्य-वयस्क)* लो, मैं पहले ही आ गयी। सारा का अनुमान ठीक नहीं था। यह संग्राम अभी समाप्त नहीं होने वाला। अधिकार की कुंजी रखनेवाले इतनी जल्दी नहीं झुकेंगे।

सारा : मुझे इस बात पर एतराज़ नहीं है कि संग्राम लम्बे समय तक चलेगा।

मेधा : फिर?

सारा : दीदी आप जानती हैं न कि स्त्री का अपमान करने के लिए वे कुछ भी कर सकते हैं। कोई भी निष्ठुर कर्म कर सकते हैं।

मेधा : जानती हूँ। किन्तु मेरे और मेरे दल की अन्य स्त्रियों के साथ उन्होंने अब तक जो कुछ किया है उससे ज़्यादा अब वे कुछ नहीं कर पाएँगे।

युवक : हाँ, इन दीदी से मैं परिचित हूँ। ये प्रतिक्रियावादी दल की सचिव हैं न?

मेधा : तुम अब कब जाओगे?

युवक : अब मैं नहीं जाऊँगा, कभी नहीं।

मेधा : उस लड़ाई में तुम भी फँस गये थे न?

युवक : मैं किसी प्रकार जान बचा कर भाग निकला। मेरे साथ अन्य जो भी थे, सब मारे गये।

सारा : हमें पता चला। खबर आयी थी। हमारी लक्ष्मी दीदी के बेटे भी...

मेधा : आज की लड़ाई केवल हथियारों से ही नहीं होती। कुर्सी बनाये रखने के लिए कुंजी को कसकर थामने वालों द्वारा किया जा रहा उत्पीड़न। इन्सान द्वारा इन्सान का शोषण का उपक्रम। अनाथ बच्चे। बाल-श्रम और सर्वहारा वर्ग के विरुद्ध घोषित लड़ाइयाँ आदि भी संघर्ष के रूप हैं।

निर्देशक : *(वनस्थली की परिक्रमा करके वापस आते हैं।)* आहा, तो आप लोग यहाँ गप्पें मारने में वक्त बरबाद कर रहे हैं? मेधा और सारा आ पहुँची हैं। अरुन्धती, अजिता और स्नेहा कहाँ हैं?

अरुन्धती : हाँ जी, हम प्रस्तुत हैं। *(हँसती हुई दौड़ आती है।)*

निर्देशक : एक है जो हमेशा देर से आती है।

अरुन्धती : अजिता न? उसकी हालत बेहद दर्दनाक है। वह अपने आखिरी बेटे के भी गुम हो जाने के ग़म में है।

निर्देशक : कैसे?

अरुन्धती : सुना है कि हिन्दू-मुस्लिम दंगा हुआ था। यह भी सुना है कि विपक्षी राजनीतिक दलवालों ने...मैं किसी तरह उसे दिलासा देती हुई यहाँ लायी हूँ।

(अजिता प्रवेश करती है)

निर्देशक : अजिता, जो हुआ सो हुआ। दंगे में तुम्हारी सन्तानें खो गयी हैं। तुम लोगों का यह दुःख पूरे देश का दुःख है। उसमें...

अजिता : आपको दुःख है। है न? फ्। किसे चाहिए आप लोगों का दुःख? सहानुभूति! आप लोग तो जीत गये न? वोट पा कर सत्ता में पहुँच गये न?

मेधा : दीदी, आप जानती हैं कि आप किन से बात कर रही हैं?

अजिता : *(होश सँभाल कर)* जी क्षमा करें। कभी-कभी मैं सब कुछ भूल जाती हूँ। कभी-कभी मेरा यहाँ तक मन करता है कि जिन लोगों ने मेरे बेटे के प्राण लिए हैं, मैं उनका खून पी जाऊँ।

मेधा : स्नेहा अभी आ जाएगी। उसे भी एक छोटी-सी परेशानी है।

सारा : *(गुप्त रूप से)* उसकी चर्चा यहाँ नहीं करनी चाहिए। पति की आँखों के सामने ही उसके दुश्मनों ने हमला कर पत्नी का अपमान किया। क्या यह बात गाँववालों को बताने योग्य है?

निर्देशक : कुछ भी हो जाए, हरेक की अपनी कोई-न-कोई समस्या रहती है। लेकिन अब मैं नाटक के मंचन में विलम्ब नहीं होने दूँगा। यह नाटक एक अनुष्ठान है जो पांडवों को दिखाना है।

मेधा : स्नेहा आ रही है। उसका मन भी उखड़ा हुआ है। सावधान!

स्नेहा : *(खुले और बिखरे हुए बालों के साथ प्रवेश करती है)* सब लोग मुझे घूर क्यों रहे हैं? वे बदमाश मुझे खींचकर ले गये। आगे क्या हुआ, मुझे नहीं पता। एक ही रात में जीवन समाप्त नहीं होता। मैं उन सौ लोगों को या तो मार डालूँगी, वरना मरवा डालूँगी।

निर्देशक : *(अप्रसन्न भाव से)* हत्या और मार-काट, सब इस नाटक

के बाद।

अजिता : तो मेक-अप शुरू करो। यह आज की स्त्रियों का नाटक है। मेरी कथा है।

अन्य नटियाँ: हाँ, हमारी भी।

निर्देशक : कैसे भी करके, जल्दी तैयार हो जाएँ। मेक-अप शुरू करो। बहुत देर हो गयी। *(निर्देशक दूसरों को सज्जागृह की ओर ले जाते हैं)*

सज्जागृह

(अरुन्धती (सुभद्रा), युवक (कर्ण), सारा (कुन्ती), मेधा (गान्धारी), स्नेहा (द्रौपदी), अजिता (हिडिंबा) आदि कथा-पात्रों की साज-सज्जा धारण करते हैं।)

अजिता : अरुन्धती, तुम जेल से कब छूट कर आयीं?

अरुन्धती : एक हफ्ता हो गया। झूठे मुकदमे में फँसा कर जिन लोगों ने मुझे जेल भेजा था वे चैन की नींद नहीं सो पाएँगे।

सारा : इसका मतलब हुआ कि तुम आगे भी उनके विरुद्ध लिखोगी।

अरुन्धती : लिखूँगी। एक पत्रकार महिला किसी का पक्ष नहीं ले सकती। सरकार, नोटों का ढेर, और समाचार पत्र के मालिक भी यही हठ कर रहे हैं कि मैं अपनी दृष्टि बदल लूँ। पर मैं बदलूँगी नहीं।

मेधा : आज के ज़माने में/आज की दुनिया में अपनी एक अलग दृष्टि रखना असम्भव है।

अरुन्धती : ऐसे अवसरों पर भी मैं अपनी विचारधारा पर अटल रही जब मेरी जान तक खतरे में थी। मैं जन-मन के साथ, सत्य के साथ रही। अपने देश की स्वतन्त्रता के सिवा मुझे कुछ नहीं चाहिए।

सारा : पांडव जब पृथ्वी पर उतर आएँगे तब उन्हें कुरुक्षेत्र का वैसा ही युद्ध दिखाना होगा न जैसा उन्होंने किया था?

मेधा : परम्परा तो यही है। परन्तु साल में एक बार जब यह पर्व आता है तब नाटककार समकालीन जनता की भावनाओं

का भी समावेश करते हैं। केवल छोटे-छोटे परिवर्तन करते हैं। यही नहीं, आज के नाटक में व्यास द्वारा वर्णित घटनाओं के क्रम में भी परिवर्तन किया गया है।

स्नेहा : *(असावधानी से मानो बालों को हिला डुलाकर बिखेर डालती है।)* ओह, ये बाल! *(हाथ में उलझे बाल खींचकर नोचती है। रूखे भाव से)* ये कभी सँवारकर रखे नहीं जा सकते।

अन्य नटियाँ : *(स्नेहा के बालों को सुलझा कर उन्हें सँवारती हैं।)...(वे परस्पर देखते हुए आश्चर्य और घबराहट प्रकट करती हैं।)*...तुम ये बाल किस दिन सँवार कर बाँधोगी?...

(निर्देशक सब को बेसब्री से देखते हुए बाहर निकलते हैं।)

अरुन्धती : यह नाटक खेलने भर के लिए मैं जेल से पैरोल पर बाहर आयी हूँ।

सारा : उस के बाद फिर जेल की ओर...। मेरी प्यारी, इतने दिनों मैं तेरे ही बारे में लिखती रही हूँ।

अजिता : तब हममें से कोई कथापात्र है ही नहीं क्या? *(दूसरी सब हँसती हैं।)*

सारा : *(अजिता का कान मरोड़ती है)* तू पहले से ही नटखट रही है।

अरुन्धती : तब हमारी कक्षा में अजिता पर सब का ध्यान जाता था। अध्यापक कुछ भी कहते तो यह कोई-न-कोई प्रश्न उठाते हुए खड़ी हो जाती। लड़के भी मुँह बाए देखते रह जाते।

अजिता : गाँव की वह प्राथमिक पाठशाला। हम पाँचों हमेशा एकजुट होकर...

मेधा : रात को मात्र सोने के लिए अपनी-अपनी झोंपड़ियाँ। जागने पर खेलने और पढ़ने के वक़्त एक साथ...।

सारा : वही असाधारण अतीत बाद में मेरी रचनाओं का आलम्ब बना।

अरुन्धती : वहाँ से अर्जित शक्ति ही तो मुझे कार्य क्षेत्र की ओर और कारागृहों में धकेलती रही न? कितने सारे राज्य! प्रतिरोध! जेल की कोठरियाँ! उत्पीड़न!

अजिता : जब मैं आदिवासियों के बच्चों को लाड़-प्यार के साथ अक्षर सिखाने के लिए दुर्गम घने जंगलों में भटकती हूँ तब अपना वह पुराना गीत गुनगुनाया करती हूँ–

काक, कबूतर व गिद्ध जैसी चिड़ियाँ
मँडराती उड़ रहीं नील नभ में
नभ का चेहरा रक्ताभ हो गया
उन चिड़ियों के कल-कूजन से

यह सुनकर

मध्याह्न-सूर्य की मादक हँसी फूटी
सायं में चाँद ने मुस्कान बरसायी
ऋतु चक्रों ने रंग बिखेरे, खुश्बू छूटी
ऋतुमती पृथ्वी तो चित लेटी रही

गंध जब रुक्ष हो गयी

गिद्ध की आँखें तब लाल-लाल हो गयीं
चोंच मार-मार कर वह कबूतर को खा गया
सूर्य की आभा रक्तिम हो गयी।
गिद्ध काक को तत्काल खा गया
चन्द्रमा पर भी तब शोणिमा छा गई
सृष्टि के अन्त में
गिद्ध ने गिद्ध को चीर डाला
रक्त-वर्षा हुई, सूर्य झुलस गया
वर्षा थम गयी, हिमपात रुक गया
आणव-अग्नि में कलियाँ मुरझा गयीं
दुर्गंध भर गयी, आसमान फट गया
पृथ्वी तब चीख उठी...
"एक भी नन्हा सा शिशु"...

अरुन्धती : और इसे एक-साथ गाने के लिए ही तो हम साल में एक बार ही सही, पर बड़े कष्ट झेलकर, अपने गाँव में एकत्र होते हैं न?...

मेधा : हाँ, अच्छा हुआ कि जब धर्म की कुंजी खो गयी तब हमने मिलकर उसकी खोज करने की ठानी।

अजिता : हम जानते हैं कि दीदी एक ऐसे मोर्चे पर हैं जहाँ पर विश्व का ध्यान केन्द्रित है। लाखों को बेदखल करने वाले करोड़पतियों की रोषाग्नि में अपनी सन्तानों की हत्या होती देख हो रही पीड़ा भी तुम निगल रही हो; यह कोई नहीं जान पाता।

मेधा : मैं सब कुछ भुला देने की कोशिश करती हूँ। फिर हमारी सारा का दुःख?

अजिता : बिन ब्याहे एक सन्तान को जन्म दिया। इतनी सी बात है न? कन्या मरियम को सन्तान लाभ कैसे हुआ था? महाभारत की कुन्ती के गर्भ से कर्ण और अन्य सन्तानें कैसे उत्पन्न हुई थीं? क्या ऐसे पति से जिसे दुनिया जान पायी थी?

सारा : मेरे दुःख का कारण वह नहीं है। मैं तब कायर थी। घरवालों और गाँववालों के डर से मैंने उस शिशु को सबकी आँख बचा कर उसके स्कूल के पूरब में जो पहाड़ियाँ हैं, वहीं छोड़ा था। काश! मैं कभी अपने मुन्ने को देख पाती! कभी उसे 'माँ' पुकारते सुन पाती!

(मेधा के थैले में रखा मोबाइल फोन बज उठता है। आश्चर्य के साथ सभी उस ओर ध्यान देते हैं। मेधा मेक-अप स्थगित रख कर फोन उठाती है।)

मेधा : क्या? फिर से शुरू हो गया? तड़के ही?

अरुन्धती : क्या हुआ दीदी?

मेधा : उन राक्षसों ने फिर से कत्ल करना शुरू कर दिया। सुना है कि करीब एक हज़ार ग्रामीणों को बुलडोज़र के नीचे दबाकर मार डाला है। चारों तरफ के जंगल जल रहे हैं।

अजिता : ऐसी नरहत्या तो जंगली लोग भी करने से चूक जाएँ!

मेधा : *(फोन पर)* हमारा दल क्या कर रहा है? क्या? वे भी मारे गये? वे मेरी अपनी सन्तानें थीं। अनाथालय के सदस्य नहीं। क्या? फिर लड़ाई शुरू हो गयी? खून की नदी? ओह! मत मारो, मत मारो... *(बेहोशी में कुर्सी से नीचे की ओर गिरती है। अन्य सभी उसे सँभालती हैं...)*

निर्देशक : *(तेज़ी से प्रवेश करता है। दर्शकों से--)* माफ करें। थोड़ा

विलम्ब होगा। पाँचों पांडव अब आकाश की ऊँचाइयों से नीचे उतरकर आते ही होंगे।

(सब वृत्ताकार में खड़े होकर प्रार्थना करते हैं।) इस कुरुक्षेत्र भूमि में हम फिर आ पहुँचे हैं धर्म की कुंजी की खोज में...

सभी अनुग्रह स्वीकार करते हैं। सहसा दूर से विजय भेरी का संकेत देता हुआ ज़ोर का अट्टहास। उसके बाद एक दीन आर्तनाद – 'माते'...

: गान्धारी घबराकर उस दिशा की ओर दौड़ती है ज़हाँ से आवाज़ आयी थी।

: उसका कारण जानने के लिए कुन्ती मंच से बाहर निकल जाती है।

: द्रौपदी अपने बिखरे बालों को सहलाती हुई भ्रामक हँसी के साथ चलते हुए ओझल हो जाती है।

: क्यों? क्यों? यों बेचैनी के साथ पूछती हुई हिडिंबा दूर चली जाती है।

: सुभद्रा आह्लादयुक्त होकर आवाज़ के प्रति अपनी प्रतिक्रिया जताती है।

निर्देशक : *(थोड़ी देर की चुप्पी के बाद)* अन्त में एक बात और जो हमें याद रखनी है, वह यह है कि यदि कुरुक्षेत्र नाटक में कोई कसर रह गयी तो पांडव प्रत्यक्ष नहीं होंगे। असन्तुष्ट होकर वे अपनी राह लौट जाएँगे। फिर उनके अनुग्रह के लिए एक साल तक इन्तज़ार करना पड़ेगा। अतः भय, भक्ति और आदर सहित यहाँ प्रस्तुत है महर्षि व्यास द्वारा वर्णित कथा, बस थोड़े से परिवर्तनों के साथ...

महामुने, कृपया अनुगृहीत करें। *(दर्शकों को लक्ष्य कर के)* और आप लोग भी। *(प्रकाश धुँधला पड़ता जाता है।)*

दृश्य दो

रनिवास के समीप के बगीचे को सूचित करती हुई पृष्ठभूमि। नट-नटी इसे इस प्रकार से सजाते हैं कि दर्शक उसे देख सकें।

निर्देशक : अरुन्धती, ऐसे नहीं। सुभद्रा ऐसे संवादों को एक बार और कंठस्थ कर लो जिन्हें भूल जाने की सम्भावना है।

अरुन्धती : सुभद्रा के वेश में *(पन्ने पलटती हुई)* : बदला लेना है। प्रतिशोध लेना है। सबकुछ नियंत्रण में लाना है। यदि मुझसे न हो सके तो अपने बलिष्ठ पुत्र के माध्यम से। *(क्रमशः कथा-पात्र में बदल जाती है।... थोड़ी देर बाद, सखी प्रवेश करती है। सुभद्रा और सखी आह्लाद में आमग्न हो जाती हैं। निर्देशक पीछे हट जाते हैं।)*

सुभद्रा : मैं भी सुनूँ, कल के युद्ध में कितने धराशायी हुए?

सखी : वह सब वर्णन से परे है। कौरवों की सेना में हज़ारों सैनिक हैं। पर वे किसी काम के नहीं। हमारी सेना आकार में कम है। पर इससे कोई हानि नहीं। कल उनके सैकड़ों सैनिकों को हमारे योद्धाओं ने मार डाला।

सखी : युद्ध में विजयी होकर जब सब लौटेंगे तब स्थिति पूर्ववत् नहीं रहेगी।

सुभद्रा : फिर?

सखी : सत्ता पांडवों की होगी। आप तो महारानी के पद पर...

सुभद्रा : *(इच्छा को छिपाती हुई)* ओह, मुझे ऐसी कोई चाह नहीं।

सखी : यह तो आप अभिनय कर रही हैं सज्जनता का? आपके मन की गति को मैं अच्छी तरह जानती हूँ।

सुभद्रा : *(स्वप्नाटन में)* युद्ध जिता रहे हैं मेरे अर्जुन। शेष सभी केवल सहायक हैं।

सखी : युद्ध जीत लेने पर अधिकार प्राप्त होगा।

सुभद्रा : किसे?

सखी : वही समस्या अब उठनेवाली है। पाँचों में से प्रत्येक को यह प्रतीत हो सकता है कि वही सर्वाधिक योग्य है।

सुभद्रा : क्या फिर प्रतिस्पर्धा होगी?

सखी : ज़रूरी नहीं। पर असम्भव भी नहीं।

सुभद्रा : धर्मराज ज्येष्ठ पुत्र हैं। तब तो गद्दी उन्हीं को मिलनी चाहिए न?

सखी : उनका मन सत्ता में नहीं रहेगा। वे यह कहकर पीछे हट जाएँगे कि यह धर्म की रक्षा करने वालों के लिए उचित नहीं।

सुभद्रा : *(घबराकर)* तो फिर?

सखी : उनके ठीक बाद हैं वृकोदर। अपनी गदा लिए जब वे गद्दी पर बैठेंगे तब कितना अच्छा लगेगा? *(दोनों हँस पड़ती हैं।)* वास्तव में राज्य की जनता भी यही चाहती है कि जिसने साक्षात् भगवान को अपना सारथी बनाया वही धनुर्विद्या विशारद...

सुभद्रा : मेरे प्राणनाथ अर्जुन? सच? *(पल भर के लिए स्वप्नाटन में)*

(आवाज़ बाहर से) राजकुमार अभिमन्यु!

सुभद्रा : *(मोहनिद्रा से जाग कर आह्लाद के साथ एकदम उठ खड़ी होकर)* कुमार!

अभिमन्यु : *(अभिमन्यु प्रवेश करता है। युवत्व। राजसी ठाठ। ओजस्विता)* माताश्री को प्रणाम! *(सुभद्रा को प्रणाम करता है)*

सुभद्रा : मंगल हो। उत्तरा ठीकठाक है न?

अभिमन्यु : आपके अनुग्रह से सब कुशल-मंगल हैं।

सुभद्रा : *(पुचकारती हुई)* कितने दिन हुए यह चेहरा देखे!

अभिमन्यु : मैं युद्ध की तैयारी में व्यस्त था।

सुभद्रा : कुमार भी युद्ध के लिए निकल पड़ा?

अभिमन्यु : जब अत्यन्त आवश्यक लगने लगा, तब।

सुभद्रा : पांडवों के पास लड़ने के लिए यथेष्ट सेना तो है ही।

अभिमन्यु : कुछ संदर्भ ऐसे भी होते हैं, जहाँ हम जैसों की आवश्यकता पड़ जाती है।

सुभद्रा : सो कब?

अभिमन्यु : अजेय माने जाने वाले वीर जब अप्रत्याशित रूप से समर में गिर जाते हैं, जब पांडवों की सेना फीकी पड़ने लग जाती है, शक्तिहीन अनुभव करने लगती है, तब मैं कूद पड़ता हूँ। कुछ के सिर काट डालता हूँ। कौरव जान बचाकर भागने लगते हैं। सूर्य अस्त हो जाता है। और उस दिन का युद्ध समाप्त हो जाता है।

सुभद्रा : पिताश्री टोकते नहीं? क्या काका और चाचा लोग अपने मुन्ने को रणभूमि में उतरने देते हैं?

अभिमन्यु : नहीं। वे मना करते हैं। जाने से टोकते हैं। कुछ मौकों पर जब मैं उन्हें खतरे में पाता हूँ तब कूद पड़ता हूँ। उनका बचाव भी करता हूँ।

सुभद्रा : *(गर्व से)* अर्थात्, यदि मेरा कुमार युद्ध में उतर पड़े तो विजय सुनिश्चित है। सब के लिए सुरक्षा की ढाल। ताऊओं और चाचाओं के लिए रक्षा-कवच।

अभिमन्यु : ऐसे अवसरों पर घमासान युद्ध जीत कर जब मैं लौटता हूँ तब मेरे ताऊ मुझे सीने से लगा लेते हैं। कन्धे पर बिठाकर लाड़-प्यार करते हैं।

सुभद्रा : और पिताजी?

अभिमन्यु : उनकी उस समय की मुखमुद्रा का वर्णन मैं नहीं कर सकता। उनके मुख पर गर्व भरी मुस्कान होती है। तब मैं उनके चरणों की वन्दना करता हूँ। उस विशाल वक्ष पर अपना सिर टेकता हूँ। अपने सिर पर पड़नेवाले उनके हर्षाश्रु-बिन्दुओं की शीतलता का अनुभव करता हूँ।

सुभद्रा : फिर भी मेरे मुन्ने, युद्ध में ऐसे मत कूद पड़ना। और भी तो

वीर हैं।

अभिमन्यु : मेरे लिए यह सब व्यायाम मात्र है। सीखी हुई विद्या का प्रयोग करने के छोटे-छोटे अवसर हैं।

सुभद्रा : कुछ और कथाएँ भी सुनने को मिलीं।

अभिमन्यु : वे कौन-सी वीर गाथाएँ हैं जो माताश्री के आह्लाद का कारण बनीं?

सुभद्रा : यही कि महाराज दुर्योधन के पुत्र लक्ष्मण का अकेले सामना करते हुए तूने उसे यमलोक भेज दिया।

अभिमन्यु : ओह, यह कथा भी यहाँ तक पहुँच गयी? वह वास्तव में एक ऐसे द्वन्द युद्ध में परिणत हो गया था जिसमें प्रतिस्पर्धा और प्रतिहिंसा की भावना बहुत तीव्र हो गयी थी। लक्ष्मण हमारी सेना के अनेकानेक वीरों को मारता हुआ आगे बढ़ रहा था। उसका सामना करनेवाला वहाँ कोई न बचा था। तब मुझे शरारत सूझी। मैंने कुछ छोटी-छोटी विद्याओं का प्रयोग किया।

सुभद्रा : मेरे मुन्ने की सहायता के लिए पांडव सेना से कोई नहीं आया?

अभिमन्यु : जब मैं उतर पड़ा तो सहायता के लिए कौन न आता! मैंने ही मना किया था कि कोई न आये। वही तो युद्ध का आनन्द है। कौरवों की सेना ने लक्ष्मण को घेर लिया। उसका बचाव करने हेतु वह सामने खड़ी थी। वह भी एक चुनौती थी।

सुभद्रा : फिर क्या हुआ?

अभिमन्यु : बचाव कर रहे एक-एक कौरव को पहले मैंने यमलोक भेज दिया। फिर मात्र हम दोनों रह गये। काफ़ी देर तक वह युद्ध चलता रहा। शत्रु का वक्ष चीरने के लिए मुझे अपनी धनुर्विद्या की आधी कलाओं का भी प्रयोग नहीं करना पड़ा। उसकी चीख सुन उसे गिरते देख कौरवों की सेना जान बचा कर भाग खड़ी हुई।

सुभद्रा : सब भगवान की कृपा है।

अभिमन्यु : किन्तु जिस समय मैं उसके वक्ष पर अपना पाँव रखकर खड़ा था उस समय मेरी स्मृति में कई बातें उमड़ आयीं।

पिताश्री को और उनके भ्राताओं को जो कष्ट झेलने पड़े। कौरवों की भरी सभा में देवी द्रौपदी का जो अपमान हुआ। जिसके कारण वे आज भी अपने अनगुँथे, खुले और बिखरे बालों के साथ पल-पल काट रही हैं। अपने पाँचों महावीर पुत्रों के साथ वनान्तरों में असहाय भटकती फिरने वाली वृद्ध माता के चित्र! पल भर के लिए जैसे मैं कोई दूसरा व्यक्ति बन गया था। *(क्रोध से तिलमिला उठता है।)*

सुभद्रा : *(स्वगत)* मुन्ना, मुझे बदला लेना है। प्रतिशोध लेना है। सब पर नियंत्रण करना है। यदि स्वयं नहीं तो अपने बलिष्ठ पुत्र के माध्यम से।

अभिमन्यु : मेरे पाँव उसकी गर्दन पर धँसते गये। लक्ष्मण का गला दब गया। उसके मुख से खून निकल पड़ा। उस ख़ून में अपना हाथ भिगोकर मैंने रक्त की बूँदें आकाश पर छिटका दीं। जैसे कुरुक्षेत्र में गिरे हुए मृत महारथियों का तर्पण कर रहा होऊँ। जैसे जीवित कौरव वीरों के दर्प को चेतावनी दे रहा होऊँ।

सुभद्रा : मुन्ने, यह मैं क्या सुन रही हूँ?

अभिमन्यु : रक्त की वे बूँदें दूर उस ओर खड़े दुर्योधन की छाती पर भी पड़ गयी होंगी। वे भी जान लें कि पांडवों की सेना में यौवन उबल रहा है। वैसे यह भी एक प्रकार का परिहास ही था न?

सुभद्रा : आगे से ऐसा परिहास न करना।

अभिमन्यु : दूर किसी को आक्रोश में कहते सुना – ऐसे ही हम अभिमन्यु की जीवनलीला भी समाप्त कर देंगे। *(हँसकर)* वे नहीं जानते इस अभिमन्यु को। मैंने भी रण में कूद पड़ने की ठान ली है।... सब कुछ विनष्ट कर देना है।

सुभद्रा : कोई भी माता अपने लाड़ले बेटे को संतोष के साथ रणभूमि की ओर नहीं भेज सकती। तब मेरे मुन्ने जैसे...

अभिमन्यु : पांडव सेना की शक्ति क्षीण नहीं हुई है। पिताश्री तथा अन्य सभी को कई बातों पर ध्यान देना होता है। युवा केसरियों को भी तो ज़रा कौरव सेना देख घबरा उठे...

सुभद्रा : फिर भी, मेरे बच्चे!

अभिमन्यु : सच बताऊँ, मैं अब तक पूर्ण रूप से उपयोगी सिद्ध नहीं हो पाया हूँ। कुछेक अवसरों पर। जहाँ कोई और उपलब्ध नहीं होता वहीं मेरे व्यूह का विन्यास किया जाता है। मुझे अपने हाथों की शक्ति आजमाने तक का पर्याप्त अवसर नहीं मिला है।

सुभद्रा : इस माता का हृदय अशान्त हो रहा है।

अभिमन्यु : पर मुझे भी युद्ध करना है। बचे खुचे सभी कौरवों को अकेले ही मार गिराना है। इन्हीं हाथों से मारना है।

सुभद्रा : यदि तुम्हारे पिताश्री को यह पता लग जाए तो?

अभिमन्यु : वे अनुमति नहीं देंगे। जब मैं विजयी हो कर लौटूँगा तब पहले वे असहमति जताएँगे। असन्तोष का अभिनय करेंगे। फिर गर्व के साथ आलिंगन करेंगे। अब मैं अपने कदम पीछे नहीं हटाऊँगा।

सुभद्रा : यदि तुम्हारे पिताश्री जान गये तो...

अभिमन्यु : यह तो पिताश्री के भी हित में है। वे कई दिनों तक लगातार लड़ते रहते हैं। मैंने उनके शरीर से कई बार रक्त बहते हुए देखा है। कभी-कभी वे थक कर कई क्षणों तक बैठे रहते हैं। फिर सारथी की सान्त्वनाभरी वाणी सुनने पर सब कुछ भुला कर, उत्साह के साथ पुनः शत्रु सेना की ओर तीव्र गति से बढ़ते हैं। मैं यदि रणक्षेत्र में उतर पड़ूँ तो उन्हें थोड़ी सान्त्वना, थोड़ा विश्राम...

सुभद्रा : और तेरी रक्षा के लिए?

अभिमन्यु : *(माता को चूम कर)* माताश्री, आपकी यह प्रार्थना...। और चारों ओर फैली हुई पांडव सेना। पर्याप्त है न?

सुभद्रा : मैं नहीं कहती कि यह अपर्याप्त है। किन्तु तू अविवेक न कर बैठना। चारों ओर यह यश फैला हुआ है कि तू जन्म से ही पराक्रमी है।

अभिमन्यु : मेरा जन्म ही योद्धा के रूप में हुआ है न? देखिए।

सुभद्रा : तेरी माता को तुझ पर गर्व है। राज्य की जनता को जब तेरी वीरता का गान करते सुनती हूँ तब मैं लोमहर्षित हो जाती हूँ।

अभिमन्यु : मेरे विषय में अब और कितनी वीर गाथाएँ रची जानी हैं! यह युद्ध जब समाप्त होगा तब मैं ही नायक रहूँगा।

सुभद्रा : पिताजी...? मातुल कृष्ण...?

अभिमन्यु : उनकी पंक्ति में भी मैं आगे रहूँगा। कल घटोत्कच से मिला था।

सुभद्रा : कैसा है? तेरे ताऊ जी के समान बड़ा बलशाली होगा।

अभिमन्यु : अद्भुत। क्या शक्ति थी! क्या ऊर्जा थी। उसका शरीर इस्पात का बना है। हिडिंबा द्वारा जन्मा और जंगल में पला है न? हम दोनों ने एक निश्चय किया है।

सुभद्रा : कैसा निश्चय?

अभिमन्यु : यही कि हम आजीवन अंतरंग मित्र रहेंगे तथा पांडवकुल की विजय के लिए लड़ेंगे...

सुभद्रा : यदि घटोत्कच साथ रहे तो किसी से क्या डरना?

अभिमन्यु : अब विलम्ब नहीं करना चाहिए... *(माता को प्रणाम करके निकल जाता है।)*

सुभद्रा : एक बात और!

अभिमन्यु : *(पीछे मुड़ कर)* क्या माताश्री?

सुभद्रा : विराट की राजकुमारी की अवस्था अच्छी तरह जानते हो न?

अभिमन्यु : जानता हूँ कि उत्तरा को ये सब बातें नहीं बतानी हैं।

सुभद्रा : यह ऐसा समय है जब स्त्रियाँ चाहती हैं कि उनके पति सदा उनके समीप रहें।

अभिमन्यु : ऐसा न समझें कि मैं वैसा नहीं चाहता। अब तो कोई खास समस्या नहीं है।

सुभद्रा : कहावत है कि उदर में पड़ा शिशु यदि करवट बदले तो वह पिता की तलाश कर रहा होता है। पिता का हाथ यदि उदर का स्पर्श करे तो वह मान लेता है कि पिता उसे पुचकार रहे हैं।

अभिमन्यु : उसके साथ मेरा प्रतिदिन वार्तालाप होता है। जब वह जन्म लेगा तब सबसे पहले वह अपने पिताश्री की रण-विजय की अद्भुत गाथाएँ ही सुनेगा।

सुभद्रा : उसकी यह दादी उसे सब कुछ बता देगी। उसके पिताश्री

का नटखटपन, पराक्रमशीलता, जन्म के समय का अद्भुत ओज व अग्नि की सी शोभा, यह सब सुनते-सुनते वह बड़ा हो जाएगा।

अभिमन्यु : माताश्री आप ही समय निकालकर उत्तरा को यह सब बता दीजिएगा।

सुभद्रा : और वत्सला को... जो तुझसे प्राण तुल्य प्रेम करती है। बलराम के समान वह पुत्री भी तेरा पराक्रम पसन्द करती है।

अभिमन्यु : माताश्री, उत्तरा और वत्सला को आश्वस्त कीजिएगा। मैं जल्दी लौट आऊँगा। *(प्रणाम कर के शीघ्र ही निकल जाता है।)*

सुभद्रा : उत्तरा और वत्सला को तो मैं सांत्वना दे दूँगी। पर मुझे...?

(अर्जुन बाहर से प्रवेश करता है।)

सुभद्रा : पता चला था कि आप इस ओर आ रहे हैं। मैं मुन्ने को जाते देख रही थी।

अर्जुन : मुन्ने के साहसपूर्ण कृत्यों का श्रेय उसकी माता को भी तो जाता है न? इसलिए देवी को यह बताने मैं स्वयं यहाँ आया हूँ। *(सेनानी पीछे हट जाता है।)*

सुभद्रा : मुन्ना आया था। उसने कुछ बातों का वर्णन किया है।

अर्जुन : तुमने वह सब प्रत्यक्ष रूप से नहीं देखा।

सुभद्रा : मुझे उसका सौभाग्य प्राप्त नहीं हुआ।

अर्जुन : मैं वहाँ से थोड़ी दूर एक स्थल पर था। मेरे सारथी के रूप में कृष्ण भी थे। हम एक बड़े मोर्चे का सामना कर रहे थे। इसी बीच उस ओर हो रहे एक भीषण संघर्ष की ओर सारथी ने मेरा ध्यान आकृष्ट किया। शस्त्रवर्षा करते हुए मैंने मुड़ कर देखा तो पाया कि वहाँ मेरा मुन्ना लड़ रहा है। मेरी युवावस्था का जीवंत रूप। अग्नि की शोभा वाला। सहायता के लिए केवल एक छोटी सी सेना है। वेग से आगे बढ़ रही शत्रु की पंक्तियों को चीरता हुआ वह गर्जना कर रहा है।

सुभद्रा : जानती हूँ। भगवान ने आपकी शक्ति को उसके माध्यम से

पुनः प्रकट किया है।

अर्जुन : दृश्य अभी शेष है। शत्रु कौन हैं?

सुभद्रा : कौरवों की सेना।

अर्जुन : हाँ, कोई सामान्य सेनानी नहीं। अगली पंक्ति के वीर आचार्य द्रोण, उनका पुत्र अश्वत्थामा, कर्ण, कृप, कृतकर्मा, बृहदबाल जैसे सैकड़ों महारथी, अभिमन्यु को गिराने का भरसक प्रयास कर रहे हैं। उसे बंदी बनाने के लिए हर प्रकार के तंत्र का प्रयोग कर रहे हैं।

सुभद्रा : अभिमन्यु ने बताया था कि उनके दल में एक ऐसा व्यक्ति है जिसके पाँव दुर्योधन के पाँवों की अपेक्षा अधिक बलवान हैं।

अर्जुन : मुन्ने के समक्ष गम्भीर चुनौती थी। दुर्योधन को धराशायी करना है तो पहले पार्श्ववर्तियों और सहायकों को जड़ से उखाड़ना होगा। यह रहस्य मुन्ने ने जैसे समझ लिया था। तभी तो लक्ष्मण को धूल चटा दी।

सुभद्रा : परन्तु, कर्ण से जूझना इतना सरल नहीं।

अर्जुन : मुझे लगता है कि उसके रक्त से ही हमारे मुन्ने की तृष्णा शान्त होगी। जिन लोगों ने वह दृश्य देखा वे बताते नहीं थक रहे हैं कि दुर्योधन को लक्ष्य कर के ही लक्ष्मण का रक्त उछाला गया था।

सुभद्रा : भगवान की बड़ी कृपा है।

सैनिक : *(दौड़ता हुआ आकर)* डरने की कोई बात नहीं। महाराज की जानकारी के बिना राजकुमार अभिमन्यु रणक्षेत्र में उतरे हैं। कहा है कि पिताश्री को इसकी सूचना न मिल पाये। साथ ही यह उद्घोषणा कर गये हैं कि अब वे शत्रु के रक्त के साथ ही लौटेंगे।

सुभद्रा : अब वहाँ क्या हो रहा है?

सैनिक : शत्रु सेना के एक प्रमुख ने अकेले कुमार का सामना किया। उसे कुमार ने काट गिराया। फिर चार-पाँच सैनिक और आ गये। वे भी कटकर गिरे। फिर सैनिकों की एक टुकड़ी आ पहुँची। कुमार साहसपूर्वक उनके व्यूह को भेदते हुए और वार करते हुए आगे बढ़ रहे हैं।

अर्जुन : और हमारी सेना?

सैनिक : उन्होंने प्रतिरोध स्वरूप प्रबल मोर्चाबन्दी कर ली है।

अर्जुन : शत्रु सैनिकों को खदेड़ने के उपरान्त आक्रमण पहले मुन्ना न करे। आक्रमण तभी होगा जब मैं भी रणभूमि में उतर जाऊँगा। मैं शीघ्र ही जाऊँगा। *(तुरन्त जाते हैं। सेनानी पीछे-पीछे जाता है। सुभद्रा आह्लाद में स्वयं को भूल कर उस राह पर दृष्टि गड़ाए खड़ी रहती है।)*

गान्धारी : *(जैसे कुछ ढूँढ़ रही हो, प्रवेश कर दूर जाते हुए)* न जाने कहाँ... याद नहीं। कुरुक्षेत्र की इस यात्रा में सोने की वह कुंजी कहीं खो गयी है। धर्म की वह स्वर्णिम कुंजी... खेद इस बात का नहीं है कि वह खो गयी है। खेद इस बात का है कि उसे खोजने के लिए कोई नहीं निकल रहा है... *(जैसे दूर से 'माते' की करुण पुकार और तुरन्त बाद उन्मत्त अट्टहास सुना हो)* फिर वही आवाज़... मेरे दुःशासन का-सा रुदन। रौद्र भीम का उन्मत्त अट्टहास। कहाँ से आ रही है यह आवाज़? *(धीरे से चली जाती है।)*

(नेपथ्य में रणभूमि का अट्टहास, ललकार, चीख, रुदन आदि सम्मिलित रूप में सुनाई देते हैं।)

सुभद्रा : *(जैसे स्वप्न में हो)* मेरे अभिमन्यु का जो पुत्र जन्म लेनेवाला है वह भी अपने पिता के समान वीर और पराक्रमी होगा। शैशव से ही उसे शस्त्र विद्या सिखानी होगी। उसकी रुचि अभी नक्षत्रों के पीछे-पीछे उड़ाने में होगी। यदि वह... चाँदनी और तितली खोजता हुआ दौड़ता रहा तो राजकाज कैसे सँभाल सकेगा? आज अभिमन्यु का नाम सुनते ही कौरव चौंक उठते हैं। कर्ण, द्रोण, कृप और अनेक अन्य अजेय वीर भी उसे बन्दी बनाने में सफल न हो सके। मेरे मुन्ने को... इस महायुद्ध के उपरान्त जब गद्दी पर बिठाया जाएगा...

सैनिक : *(तेजी से प्रवेश करता है। जैसे बात गले में अटकी हो)* एक संदेश है...।

सुभद्रा : *(आह्लाद में)* हाँ, रणभूमि से ही आ रहे हो न?

सैनिक : जी हाँ।

सुभद्रा : सुनूँ। आज क्या समाचार है।

सैनिक : घमासान लड़ाई हो रही है। पराजय किसी की नहीं हो रही।

सुभद्रा : तुमने बताया था कि मुन्ना रणभूमि में उतरने वाला है। क्या हुआ?

सैनिक : कुमार रणभूमि में उतर पड़े हैं।

सुभद्रा : *(वर्द्धित जिज्ञासा के साथ)* और मुन्ना के पिताश्री?

सैनिक : वे समीप नहीं हैं। दूर शक्तिशाली शत्रुओं से भिड़ रहे हैं।

सुभद्रा : मुन्ना का उत्साह अब और बढ़ गया होगा न?

सैनिक : कुछ भी स्पष्ट नहीं है। मुन्ना के शस्त्र-प्रहार से कुछ सैनिक गिर चुके हैं। अब वे शत्रुओं के मध्य प्रस्थान कर रहे हैं।

सुभद्रा : यानी?

सैनिक : कौरवों की सेना ने अनेक व्यूह रचे हैं। आगे रथ हैं। पीछे घोड़े। फिर उनके पीछे पैदल सेना। दोनों ओर गजवीर।

सुभद्रा : यह तो पद्मव्यूह है!

सैनिक : जी।

सुभद्रा : *(घबराहट के साथ)* द्रोणाचार्य व्यूह-निर्मित करने में अतिकुशल हैं। सैनिक, जाओ। मुन्ना के पिताश्री को सूचित करो।

सैनिक : अभी भय की कोई बात नहीं। अधिक साधनों की आवश्यकता पड़ सकती है। बस। मैं अभी आया।

सुभद्रा : हे भगवान कृष्ण, मेरे मुन्ने को इन कपटियों के चक्रव्यूह में फँसने से बचाना। *(धीरज बटोर कर)* ऐसा कुछ नहीं होगा। अभिमन्यु ने अपनी शस्त्र विद्याओं के प्रयोग और पैंतरेबाज़ी से अपने पिताश्री को भी अचंभित किया है। पांडव सेना की प्रत्याशा का केन्द्र मुन्ना ही है। मेरा मुन्ना कौरवों की सेना के लिए सदा एक चेतावनी बनकर रहेगा। लक्ष्मण के परास्त होते ही कौरवों के मन में प्रतिशोध की अग्नि भभक उठी होगी...। परन्तु मेरा नन्हा शेर सारे शत्रुओं को फाड़ डालेगा।

अर्जुन : *(शिथिल अवस्था में प्रवेश करते हैं। सुभद्रा को घूरने लगते हैं।)*

सुभद्रा : *(आकांक्षा के साथ)* क्या हुआ है आपको? यह क्लान्ति? यह शिथिलता?

अर्जुन : अभिमन्यु।

सुभद्रा : अभिमन्यु?

अर्जुन : जाल में फँस गया।

सुभद्रा : किस जाल में?

अर्जुन : जो द्रोण, कर्ण और दुर्योधन ने बिछा रखा था। पद्म व्यूह का।

सुभद्रा : क्या उसमें से वह बच कर नहीं निकल पाएगा?

अर्जुन : नहीं।

सुभद्रा : *(हताश होकर)* साफ़-साफ़ बताइए न...

अर्जुन : क्या मुझे ही इस रहस्य को खोलना होगा। वह भी मुन्ना की माँ के समक्ष। इसलिए ही मैं दौड़ा आया था न? यह समाचार दूत द्वारा देना सम्भव नहीं। हमारा मुन्ना धोखे से मारा गया!

(दूर से चीख सुनाई देती है–"माते")

सुभद्रा : *(जैसे सिर पर आघात हुआ हो, स्तब्ध हो कर)* नहीं! ऐसा हो ही नहीं सकता।

अर्जुन : पहले मुझे भी विश्वास नहीं हुआ था। कौरवों के शिविर में विजय का ऐसा उद्‌घोष पहले कभी नहीं सुना गया।

सुभद्रा : लेकिन, वह तो मुन्ना की पराजय को ही सूचित करता है न...?

अर्जुन : मेरी छाती को लक्ष्य कर के उस शिविर से किसी ने रक्त उछाला है। दुर्योधन के पुत्र के रक्त के बदले में मेरे मुन्ने का रक्त!

सुभद्रा : यह मैं कैसे सह सकती हूँ? पांडव-कुल का...

अर्जुन : *(एक निर्णय लेते हुए)* सब कुछ सहन करना होगा। दशाब्दियों से पांडव जो कुछ सहन करते आये हैं उसके साथ यह भी सही। उनके द्वारा किए गये असंख्य छलों की पंक्ति में एक और...। किंतु यहाँ से समाप्त। उनका

अन्त निश्चित है!

सुभद्रा : वह कैसे?

अर्जुन : मैं अन्तिम युद्ध के लिए निकल रहा हूँ। जो रक्त मेरी छाती पर पड़ा है उसके बदले में मैं कौरवों का सारा रक्त पी जाऊँगा!

सुभद्रा : कौरवों का रक्त!

अर्जुन : हाँ, भोगी हुई समस्त अवहेलनाओं और उत्पीड़नों का उत्तर इसी कुरुक्षेत्र में दे दूँगा। चाहे कुल का विनाश हो जाए, मैं अब कदम पीछे नहीं हटाऊँगा।

सुभद्रा : अभिमन्यु का प्यारा बच्चा अभी जन्म लेने को है।

अर्जुन : उत्तरा को यह खबर कैसे दूँगा! वह बेचारी मूर्च्छित होकर गिर जाएगी।

सुभद्रा : यह खबर मैं उसे दूँगी। यह भी मेरी नियति है!

अर्जुन : उस बेचारी को आश्वस्त करना।

सुभद्रा : पर मुझे कौन आश्वस्त करेगा? मैं अभागी माता!

अर्जुन : अभिमन्यु के बेटे को शस्त्रविद्या सिखाऊँगा। सारी शस्त्रविद्याएँ। तपःसिद्धि के लिए भी उसका मन दृढ़ करूँगा। उसे एक ऐसा अद्भुत शूरवीर बना दूँगा ताकि वह कौरवों से अपने पिताश्री की मृत्यु का प्रतिशोध ले सके।

सुभद्रा : *(जैसे अर्ध-बोध की अवस्था में हो)* यही पर्याप्त नहीं...

अर्जुन : तब?

सुभद्रा : हर प्रकार का छल और प्रवंचना भी सिखानी होगी। युद्ध में विजय प्राप्त कर पाने के सब सम्भव उपाय...।

अर्जुन : सुभद्रा!

सुभद्रा : जी हाँ, मैं भगवान श्रीकृष्ण की सगी अनुजा!

अर्जुन : तू भी?

सुभद्रा : हाँ, मैं भी। अपने पुत्र की हत्या का प्रतिशोध लेने वाली एक माता...। मैं भी उतर पड़ूँगी रणभूमि में।

अर्जुन : यह मैं क्या सुन रहा हूँ? क्या मेरे मुन्ने की माँ का मानसिक सन्तुलन बिगड़ गया है? भीतर जा कर विश्राम करो...।

सुभद्रा : तो क्या मुन्ना अकेले ही उस पद्मव्यूह के भीतर एक सहस्त्र कौरव सैनिकों से भिड़ता रहा? यही हुआ था न? असम्भव को मेरे मुन्ने ने सम्भव बना दिया। उसकी माता को गर्व है उस पर। *(सन्नाटा)* उत्तरा को भी गर्व होगा। शूरवीर की प्रिय पत्नी! असहाय हो व्यूह में फँसकर वीरगति को प्राप्त अभिमन्यु की अर्धांगिनी को उसपर गर्व है। जीवन के अन्तिम क्षणों में असहाय होकर, धोखा खाकर, अपना रक्त बहाने वाले पुत्र को जन्म देकर, पाल-पोसकर, विश्व विजेता बनाने वाली स्नेह-निधि माता उस पर गर्व कर सकती है।

अर्जुन : *(छाती से लगा कर)* यह विभ्रान्ति क्यों?

सुभद्रा : यह गर्व की विभ्रान्ति है!

अर्जुन : जाओ। भीतर जा कर उत्तरा को आश्वस्त करो... जो अंकुर यह सब देखता-सुनता हुआ, उस उदर में मुस्कुराता हुआ झपकियाँ ले रहा है, उसके कानों में जाकर फुसफुसाओ...

सुभद्रा : उस लाड़ले को क्या सुनाऊँ?

अर्जुन : यही कि "जल्दी से आ जा। इस पृथ्वी पर तेरे लिए एक दौत्य है... जिन्होंने तेरे पिताजी का रक्त छितराया वे अट्टहास कर रहे हैं"... तुरन्त यह कथा अपने पोते को सुनाओ और उसे रणभूमि की ओर भेज दो... जब तक वह आएगा तब तक मैं अपना दौत्य लिए जा रहा हूँ।

सुभद्रा : कौन सा दौत्य?

अर्जुन : मेरी छाती पर उछाले गये रक्त का स्रोत खोजने! *(ज़ोर से चीखते हुए बाहर की ओर दौड़ते हैं)* आक्रमण करने। प्रतिशोध लेने...

(द्रौपदी आक्रमण के लिए उतारू होकर चारों ओर घूरती हुई प्रवेश करती है। अर्जुन की बातें सुनकर वह रुक जाती है। आखिरकार धीरे से गाने लगती है।)

ज्यों ही वह गंध रूक्ष हुई
गिद्ध की आँखें लाल हुईं
चोंच मार मार कर खा गया कपोत को

(सुभद्रा भी स्वर मिलाती है)

सूरज भी तब रक्ताभ हो गया
गिद्ध काक को लील गया
रजनीकान्त भी अरुणाभ हो गया...।

(प्रकाश बुझता है।)

दृश्य तीन

(निर्देशक प्रवेश करता है)
कृपया यह न भूलें कि यहाँ ऐसे पाँच व्यक्ति भी विद्यमान हैं जिन्हें आप, मैं या अभिनेता न देख सकते हैं और न छू सकते हैं। पाँच पांडव जो अदृश्य हैं। इसी भीड़ में कहीं बैठ कर वे यह देखेंगे। इसे देख यदि वे सन्तुष्ट हो जाएँ और उनका मन प्रसन्न हो खिल उठे, तो वे प्रत्यक्ष हो जाएँगे।
वे देख लें... अर्जुन प्रतिशोध लेने के लिए कौरव सेना की ओर प्रस्थान कर चुका है। आप जानते हैं कि कौरव सेना का वर्तमान नायक कौन है? कर्ण! साक्षात् सूर्य-पुत्र! (आवाज़ धीमी कर के) परन्तु, जिसे सूतपुत्र के नाम से जाना जाता है जो एक अनाथ के रूप में पाला-पोसा गया!... ओह, कर्ण के नये सारथी आ रहे हैं — शल्य...

कर्ण : अर्जुन... मेरा भाई। मेरी ही माँ की कोख से जन्मा।... *(विचारों में परिवर्तन)* मैंने महाराजा दुर्योधन को वचन दिया था कि इस अर्जुन का वध करके पांडव सेना को पराजित करूँगा, कि युद्ध में मारे गये कौरवों के प्रति आदर प्रकट करूँगा, कि राज्य को पूर्णतः महाराज के अधीन कर दूँगा। अब भी इन संकल्पों में कोई परिवर्तन

नहीं आया है... *(पल भर को)* माताश्री...! कुन्ती देवी, उस रात आपके द्वारा प्राप्त पहला आलिंगन पाया अतिरथ-पत्नी से प्राप्त वर्षों के आलिंगन की अपेक्षा कितना भिन्न था! आपके वे आँसू जो मैंने पोंछ दिए थे। मैंने वचन दिया था न कि मैं माताश्री की इच्छा पूरी करूँगा?...नहीं, पर मैं ने इस बात का वचन नहीं दिया था कि अर्जुन का वध नहीं करूँगा। केवल यही वादा किया था कि युद्ध के उपरान्त भी माताश्री की पाँच सन्तानें रहेंगी...। हाँ, पाँच सन्तानें *(सोच में)*... मैंने पहले भी सुना था कि कुन्ती देवी मेरी माताश्री हैं। श्रीकृष्ण ने उस दिन स्मरण कराया था। तब मुझे वह बात एक पहेली-सी लगी थी। पितामह भीष्म ने भी एक अवसर पर याद दिलाया था। मैंने तब उनका विरोध नहीं किया था। किन्तु तब मेरे मन में एक ही माताश्री थीं! अतिरथ-पत्नी, राधा, सूत-पत्नी! उनके स्नेह और वात्सल्य रूपी दुग्ध से मेरा पालन-पोषण हुआ। मैंने जी भरकर उसका पान किया। उनके पसीने की गंध और उनके आँसुओं के स्वाद को अनुभूत किया। वे ही मेरी माताश्री हैं। कठिन शारीरिक श्रम करके जब वे लौटतीं तब मेरे लिए कुछ-न-कुछ अवश्य लातीं। मेरी हँसी और क्रीड़ाओं ने उनका जीवन ही बदल डाला। उनके स्वेद का मूल्य मेरे प्राण हैं... माते! पांडवों ने जब ऐसे माता-पिता के पुत्र की हँसी उड़ायी थी तब उसका विरोध करनेवाला मात्र एक था – महाराज दुर्योधन। उसके प्रत्युपकार स्वरूप मैं अपने प्राणों की बलि दे दूँगा...। रक्तदान! मैं अब योद्धा हूँ। कौरव सेना का सारथी। अर्जुन-निग्रह ही मेरा लक्ष्य है...। कुन्ती देवी मेरी जननी हैं। सूतपत्नी मेरी धात्री माँ। या सत्य इसके ठीक विपरीत है?

मेरा यह जीवन न जाने किसकी थाती है। किन्तु अब जो वेश स्वीकार किया है उसके अनुरूप यथासम्भव अभिनय तो पूरा करना ही होगा। सबको रणभूमि का अंग बनना होगा।

ऐसी रणभूमि जहाँ न शत्रु हैं न मित्र... एक-एक सिर को धड़ से विच्छिन्न कर देना है... हे शल्य,... हाँ वहीं ले चलो... अर्जुन-व्यूह के समीप जिसका नेतृत्व श्रीकृष्ण कर रहे हैं...

(मंच परिक्रमा द्वारा स्थान-परिवर्तन दिखाया जाता है।)

"स्वधर्मे निधनम श्रेयः
परधर्मो भयावहाः"

अर्जुन : उस समस्त कौरव सेना को खण्ड-खण्ड कर देना है जिसने मेरे अभिमन्यु को चक्रव्यूह में फँसाया था। *(दूर से आ रहे कर्ण को देख कर)* उस रथ में कर्ण ही हैं न? देखने में तो अजेय ही प्रतीत होते हैं। युद्धवीर-सा शौर्य और पराक्रम है। आत्मतेज भी कम नहीं। *(स्वगत)* कैसा होता यदि ये हमारे साथ होते, ज्येष्ठ भ्राताओं के समान हमारा अवलम्ब बनते! *(आत्मविमर्श करता हुआ)* यह कैसी बेसिर-पैर की सोच है! नहीं, यह शत्रु है! मेरे तरकश का प्रत्येक बाण तैयार है। अगर एक चूक जाए तो दूसरा। और अन्त में ब्रह्मास्त्र। यदि सब कुछ जला डालना हो तो आग्नेयास्त्र...। शत्रु ठीक आँखों के सामने खड़ा हुआ है। यदि वह मेरे समकक्ष नहीं है तो भी कोई बात नहीं। क्योंकि यदि वह पहले ही मृत्यु को प्राप्त हो जाता तो युद्ध का सारा उत्साह, आवेश और आनन्द उसी के साथ समाप्त हो जाता। अच्छा है जो ऐसा नहीं हुआ। हे कर्ण, तेरी अन्तिम यात्रा का समय आ गया है। आ जा...

(कर्ण और अर्जुन दूर खड़े-खड़े एक दूसरे को देख लेते हैं। कर्ण के मन में प्रतिशोध, आत्मविश्वास... और साथ-साथ वात्सल्य, अनुज के प्रति प्रेम जैसे प्रतिपल परिवर्तित मनोभावों का संघर्ष चल रहा था...। अर्जुन के कानों में दूर से आ कर पड़नेवाली आवाज़ की गूँज।) यह तेरा शत्रु है। इसे मार डाल। कौरव-सेना को निर्मूल करने के लिए इस शत्रु को मारना आवश्यक है। यही उस सेना का

मुख्य स्तंभ है। अर्जुन, सम्भवतः तेरे मन को पहले की भाँति धर्म-अधर्म की चिन्ता ने वैसे ही आवृत कर लिया होगा, जैसे चन्द्रमा को वर्षा-ऋतु के मेघ आवृत कर लेते हैं। तू अपने धर्म को पहचान। तू एक क्षत्रिय है, जो अपने छीने गये अधिकार को पुनः प्राप्त करने के लिए रणभूमि में उतरा है। विगत काल का स्मरण करेगा तो सब शंकाओं का उत्तर तुझे मिल जाएगा। लाक्षागृह में ठहराना, लाक्षागृह को आग लगाना – असहाय हो कर स्वदेश छोड़कर जाना-द्रौपदी-द्यूतक्रीड़ा-द्यूत में छल-दासता... **(अर्जुन असहनीय वेदना से तड़पने लगता है–चारों तरफ घूर-घूर कर देखता हुआ चलता है। शिकार की खोज कर रहे सिंह के समान भटकता है, गरजता और गुर्राता है... उसकी श्वास की गति तीव्र होती जाती है।)**

कर्ण : *(और समीप आकर)* तेरा वध करना आसान है। परन्तु आज मुझे थोड़ी शक्ति बटोरनी पड़ रही है। न जाने क्यों मेरा मन चंचल हो रहा है।

अर्जुन : एक सूत-पुत्र के लिए यह सहज ही है। अब तक तूने युद्ध के दाँव-पेंच और युद्धरत सैनिकों के अनुभव ही सुने होंगे...और यह तो युद्ध का यथार्थ रूप है। केवल शूरवीरों के लिए ही इस रीति से निर्धारित रणनीति का भेदन सम्भव है। यदि सामना करना न आता हो तो मन चंचल होगा ही।

कर्ण : अभी तक तो यही सुना था कि युद्ध-विद्या तथा शस्त्र-प्रयोग में तुम कुशल हो। पर अब समझ गया है कि अर्जुन वक्तृत्व वकृता-कला में भी प्रवीण है। अहंभाव रखने में भी पीछे नहीं है।

अर्जुन : दासता भोगने वालों और पराश्रित रहनेवालों को यह सब अद्‌भुत ही लगेगा। उसके भीतर आसुरी शक्ति का भी समावेश होगा। जब भोगोगे तब समझोगे। शस्त्र सम्भालो।

कर्ण : तुझसे लड़ने के लिए कोई भी शस्त्र पर्याप्त होगा। *(कर्ण गरजता है।)*

(दोनों युद्ध के लिए शस्त्र लिए खड़े हैं। परस्पर बाण छोड़ते हैं। दोनों जय-पराजय की सीमाओं तक पहुँच जाते हैं। एक अवसर ऐसा आता है जब कृष्ण रथ नीचा कर देते हैं। फलस्वरूप कर्ण द्वारा छोड़ा गया बाण अर्जुन के कण्ठ पर नहीं लगता।)

कर्ण : देख ली तेरे सारथी की चतुराई! जब तू मेरा बाण रोकने में असमर्थ सिद्ध हुआ तब तेरे सारथी ने पाँव के नाखून से रथ को दबा कर तेरी स्थिति बदल दी। मैं पहली बार देख रहा हूँ कि तू इतना अक्षम है। तेरे विषय में लोगों का कथन तो ऐसा नहीं था।

अर्जुन : रणभूमि में ऐसे व्यक्ति ही डींग हाँकते हैं जिन्हें रणनीति का ज्ञान नहीं होता। यदि रोक सकता है तो रोक। यह तेरे सारथी के लिए है... सुविख्यात शल्य के लिए...

अर्जुन : अब तुझे गिराना अत्यंत सरल है।

कर्ण : *(बाण छोड़ने लगता है। उन्हें रोकने के लिए अर्जुन को बड़ा श्रम करना पड़ता है। दोनों का ज़ोर का अट्टहास सुनाई देता है।)*

आवाज़ — (दूर) अर्जुन, कर्ण पैंतरे बदल रहा है। वह साधारण योद्धा नहीं है। तूने देखा न, वह कैसे तेरे सारे प्रमुख बाणों को रोक रहा है। सतर्क हो जा। देख।

(कर्ण द्वारा छोड़ा गया एक बाण अर्जुन के धनुष-बाण को उससे विलग कर दूर गिरा देता है।)

कर्ण : इसी को युद्ध कहते हैं। अर्जुन, तू हार मान ले। अपनी जान बचा ले...।

अर्जुन : मैं? तुझसे हार मानूँ? कभी नहीं।

कर्ण : मैं चाहूँ तो तेरा वध कर सकता हूँ। केवल एक बाण छोड़ना है। तू निहत्था है। लेकिन यह धर्म-नीति के अनुरूप नहीं।

अर्जुन : तू ने भला कौन सी धर्म-नीति सीखी है? इन सबका अध्ययन साक्षात् गुरुओं के शिष्यत्व में करना पड़ता है।

कर्ण : और अध्ययन समाप्त हो जाने पर उन गुरुओं की निष्करुण

हत्या की जा सकती है। है न? जैसे आचार्य द्रोण को तेरी सेना ने यमलोक भेज दिया! *(बाण छोड़ते हुए, एक-दूसरे को ललकारते हुए दोनों दूर हट जाते हैं।)*

गान्धारी : *(मेधा गान्धारी बन कर टटोलती हुई घबराहट के साथ प्रवेश करती है।)* वह चीख कहाँ से सुनाई दी? 'माते' यह आर्तनाद। हे दुर्योधन, हे कर्ण, हे अर्जुन! क्या, यहाँ कहीं कोई नहीं है? हे भगवान कृष्ण! कृष्ण यहाँ भी आँख मिचौनी खेल रहे हैं? मेरा पाँव यह किस के कबंध से अवरुद्ध हो रहा है? वह सिर है, कबंध है या किसी का हाथ-पैर? मेरी एक सौ एक सन्तानों में से अब कितनी शेष रह गयी हैं? रणभूमि का अन्तिम सत्य कोई क्यों चिल्लाकर नहीं कहता? महाराज धृतराष्ट्र की भी उद्विग्नता बढ़ती जा रही है। संजय भी प्रायः मौन रहता है। रह-रह कर रनवास की नारियों का रुदन ही सुनायी पड़ता है। समय भी गुज़रता नहीं दीखता। सब कुछ एक समान प्रतीत होता है। तमोमय। सूर्य उदित होता होगा। प्रभात और प्रदोष पहले के समान ही आते-जाते होंगे। किन्तु उत्सवों और त्योहारों का ह्रास हो गया है। विलाप अन्तहीन हैं। मुझ जैसी माताएँ, भगिनियाँ, पत्नियाँ चारों ओर बिलख रही हैं। झोंपड़ियों में, महलों में, रणभूमि में। *(टटोलती हुई आगे बढ़ती है।)*

शकुनि : *(गान्धारी को ढूँढ़ता हुआ, उसके पीछे पीछे)* बहन, मैंने तुम्हें कहाँ-कहाँ नहीं ढूँढ़ा? महाराज धृतराष्ट्र यह सोचकर व्याकुल हैं कि उनकी संतप्त पत्नी बहुत समय से कहीं लुप्त है।

गान्धारी : *(आवाज़ पहचान कर)* कौन? शकुनि? मैं सबकी आँख बचा कर रणभूमि की ओर निकल पड़ी थी।

शकुनि : आओ, अब हम महल लौट चलें।

गान्धारी : नहीं। वह चीख सुनो। 'माते'... लगता है, मुझे कोई पुकार रहा है।

शकुनि : यदि मन का सन्तुलन खो गया है तो सब प्रकार का भ्रम होगा।

गान्धारी : दु:शासन की चीख जैसी। और उसके तुरन्त बाद भीम का अट्टहास। मैंने यह नींद में सुना। सच।

शकुनि : ऐसा कुछ नहीं हुआ है।

गान्धारी : हुआ है। इस कुरुक्षेत्र के ही किसी कोने में।

शकुनि : यह युद्ध का समय है। अतः बहुत कुछ होने का आभास होगा। यद्यपि सन्तानों की मृत्यु पर दुःख किसे नहीं होगा? किंतु क्षत्रिय हैं तो युद्ध तो करेंगे ही। कभी मारेंगे। कभी मारे जाएँगे। उसमें इतना रोने-कलपने की क्या बात है?

गान्धारी : *(आपे से बाहर आ कर)* जाओ।.... मुझे यहाँ अकेले अपने बच्चों को तलाशना है। जो जीवित हैं, जो मृत हैं... सब को। एक कुंजी खो गयी है...।

शकुनि : सिंहासन की कुंजी! सत्ता की कुंजी।

गान्धारी : नहीं... परिवार की कुंजी...। उसे ढूँढ़ निकालने के लिए एक और कुंजी की ज़रूरत है। धर्म की कुंजी की... वह किसने छिपाकर रखी है?

शकुनि : सब कुछ भगवान की कृपा से ही होता है न? कृपा! कृपा! अब देखो न? भगवान का सामर्थ्य। वे तो कुटिल मार्ग ही जानते हैं। सब बनावटी है, झूठ है, छल है।

गान्धारी : मेरा मस्तिष्क सुन्न हो रहा है। ये अट्टहास और आर्तनाद मुझे शिथिल बना रहे हैं।

शकुनि : सहोदरी, कौरवों में कोई भी आज मारा नहीं गया है। यह निश्चित है।

गान्धारी : मैं यह नहीं जानना चाहती। मैं जानना चाहती हूँ कि अभी किसने चीख कर 'माते' पुकारा था। भ्राताश्री, आप जाइए।

शकुनि : *(थोड़ा हटकर दूर तक घूरता हुआ)* मुझे पहले ही इसका अनुमान था। यह अब घटित हुआ है। अच्छा हुआ।

गान्धारी : आप यह स्वयं से क्या कह रहे हैं? मुझे सान्त्वना देने के लिए ही सही, सच-सच बताइए।

शकुनि : अब जो धराशायी हुआ है वह पांडव-सेना का एक बालक है।

गान्धारी : बालक?

शकुनि : हाँ, अभिमन्यु।

गान्धारी : *(चौंक कर)* क्या? अभिमन्यु? शैशव के सौकुमार्य से भरा वह नन्हा बालक? हे भगवान, तू इतना निर्दयी है?

शकुनि : भगवान निर्दयी नहीं। यही युद्ध का वास्तविक रूप है। उसमें आयु का भेद नहीं होता। केवल 'शत्रु' होता है। शत्रुओं की हत्या करना ही रणनीति है। वही युद्ध-धर्म है।

गान्धारी : फिर भी, अभिमन्यु...।

शकुनि : वह केवल युद्ध में उतरा ही नहीं अपितु उसने अद्‌भुत महायुद्ध रचा। चाहे शत्रु ही हो, फिर भी किसी के मरणोपरांत तो हमें सत्य बताना चाहिए न? उस बालक को आगे बढ़ते देख दोनों सेनाएँ थोड़ी देर तक उसे निर्निमेष देखती रहीं। आखिर उसकी विजय-यात्रा रोकना हमारा दायित्व बन गया। हमारे लिए अवश्यंभावी हो गया। ऐसे वीर पुरुषों को अवरुद्ध करना पड़ता है। ज़्यादा आगे बढ़ने का अवसर नहीं देना होता। हमने उसे बाँध लिया। रणनीति के एक विन्यास का प्रयोग किया। चक्रव्यूह। अभिमन्यु को उसके भीतर फँसाया। अत्यंत समर्थ कौरव सैनिकों के चक्रव्यूह के भीतर पड़े-पड़े पांडव कुमार ने अंतिम साँस ली।

गान्धारी : कम-से-कम उसे छोड़ देते। हे भगवान! मैं उस बालक को देखना चाहती हूँ। चक्रव्यूह में पड़े तड़प-तड़प कर वीर गति को प्राप्त होने वाले अभिमन्यु को... *(आगे कदम बढ़ाती है)*

शकुनि : वह हमारा शत्रु है। *(असंतोष के साथ पीछा करता है)*

(अर्जुन दूर से ललकारता हुआ प्रकट होता है। विपक्ष में कर्ण भी।)

कर्ण : *(जैसे स्वगत हो)* वह अर्जुन है! भीष्म पितामह और श्रीकृष्ण ने मुझे स्मरण कराया था... कि मैं कुन्ती का बेटा हूँ। माताश्री भी तो आयी थीं... अर्जुन के प्राणों की भीख माँगने। वह मेरा अनुज है! यदि मैं उसकी हत्या करने से स्वयं को रोक पाऊँ तो! मैं आश्वस्त रह सकूँगा कि मैंने अंततः माताश्री की प्रार्थना स्वीकार कर ली। *(पल भर के पश्चात्)* नहीं – ऐसा नहीं होना चाहिए।

पांडव पक्ष का एक मात्र अजेय वीर यही है। इसे मार दिया तो कौरव विजयी हो जाएँगे। दुर्योधन जीत जाएगा। जिस महापुरुष ने उस दिन मेरी लाज रखी थी उसे दिए गए वचन का पालन तो करना ही होगा न? *(अर्जुन का आक्रोश सुनने पर जैसे सचेत हो)* ठीक है, अब कोई पुनर्विचार नहीं... शत्रु के निग्रह तक... *(दोनों बाण छोड़ते हैं... घमासान लड़ाई... कर्ण के रथ का एक पहिया मिट्टी में धँस जाता है। कर्ण नीचे उतर कर उसे निकालने का प्रयत्न करता है।)* दूर से आती आवाज़ – यही अवसर है। अन्यथा, सच्चाई से, सीधे-सरल उपायों से, तू कभी कर्ण को नहीं मार पाएगा। हे अर्जुन, धनुष पर ब्रह्मास्त्र लगाओं।

अर्जुन : तो लो, अभी कर्ण की छाती चीर डालता हूँ। *(तीर प्रत्यंचा पर लगाकर छोड़ता है।)*

कर्ण : *(अचानक छाती पर अप्रतीक्षित तीर के आ लगने पर तड़पता हुआ गिर जाता है। धीरे से उठ कर)* अर्जुन! तूने भी? मैंने कभी नहीं सोचा था कि तू यह अधर्म करेगा। जब तू निहत्था था तब मैंने तुझे नहीं मारा... तूने! इसमें तेरे सारथी कृष्ण का हाथ है। विजय पाने की कपट-चाल। यह तो प्रमाणित हो चुका था न कि शस्त्र-विद्या में तू मेरी बराबरी नहीं कर सकता? बस, वही पर्याप्त है। यदि इस पृथ्वी पर कोई व्यक्ति सत्यनिष्ठ है तो वह असत्य की यह रथ-यात्रा देख ले! मुझे कोई दुःख नहीं। मेरा मन दुःखद अनुभवों का एक निगूढ़, व्यर्थ कूप है। जानते-बूझते रहस्यों को, किसी को जताए बिना, अकेले ही ढोता चला आया। अभिशापों का बोझ सिर पर वहन करता रहा। सब मेरे समक्ष अग्नि को समर्पित हुए। किंतु अब? कौन है मेरी चिता के समीप? संतानें और बन्धु बान्धव, सब मारे गये! कौन है जो इस सूत पुत्र का श्राद्धपिंड करेगा? कोई नहीं... अंगराज... असहाय हो कर पड़ा है कौओं और गिद्धों द्वारा नोच लिए जाने को... *(दर्द के मारे ज़ोर से चीखता है)* माते... माते...। मैंने

अपना वचन निभाया...।

कुन्ती : *('माते' की करुण पुकार का स्वर तीव्र होता जाता है। उसके सशक्त स्वर के भँवर में बहती हुई मानो, हवा में उड़ते सूखे पत्ते के समान मंच पर आती है।)*

कुन्ती : यह किसने पुकारा? परिचित आवाज़... माते...*(मंच पर कर्ण को ढूँढ़ लेती है। घबरा कर)* बेटे, मीठी तोतली बोली में तेरी यह माते की पुकार सुनने का सौभाग्य तो इस अभागिन को नहीं मिला। अब... मैंने वह पुकार सुनी... तेरी पहली और आखिरी पुकार। माँ से बिदाई की पुकार... मेरा बेटा मर गया! कौन है इसकी मृत्यु का कारण? अर्जुन? नहीं। मैं ही हूँ जिसने यह हत्या की। इसकी माता अपनी पहली सन्तान को मार डाला इस कुन्ती ने। अधिकार, विजय और अभिमान ये सब केवल स्वप्न तुल्य हैं। अपनी सन्तानों की बलि देकर पाए जाते हैं ये उपहार। बेटे, क्षमा करना। तेरी जीवन-लीला समाप्त हो गयी! पुत्र-मृत्यु का दुःख सांसारिक व्यक्ति ही जान सकता है। तेरा यह मुख जिसे मैं चूम भी न पायी... *(चूमती है)*। मेरे बेटों में सबसे बड़ा चल बसा। अब केवल पाँच ही बचे हैं। मेरी शक्ति धीरे-धीरे क्षीण हो रही है। मैं अनाथ हो रही हूँ। इसी प्रकार शेष पाँचों भी एक-एक करके संसार से विदा ले लेंगे। कौन आगे, कौन पीछे? क्या मैं सबकी मृत्यु का कारण और साक्षी बनूँगी? *(आकाश की ओर देख कर)* सूर्य देव, महा प्रभु, क्षमा! क्षमा! हमारा लाडला बेटा! विश्वविजेता कर्ण। वह अभौम तेज जिसे आपने अपनी समस्त चेतना और ऊर्जा को मुझमें प्रवाहित कर के जन्म दिया था। ऐसी ही एक श्यामल संध्या की वेला में जब मैं कन्या थी। *(मेरी प्यास बुझाए रतिदेव)?*

मुझे स्त्री बना दिया था उसी संगम ने। वैसा संगम फिर कभी नहीं हुआ... प्रतिदिन संध्या के समय उसकी स्मृति मेरे स्त्रीत्व को झकझोरती है और मातृत्व को पीड़ा पहुँचाती है...। इतने दिनों तक मैं उस पीड़ा भरे अनुभव

में घुलती रही। हमारे मुन्ने की यह पुकार 'माते' मेरे जीवन को पूर्ण बना गयी। साथ-ही-साथ सदा के लिए मेरा सूनापन भी भर गयीं। क्षमा कर दे बेटे, क्षमा कर दे!

कर्ण : मेरे विगत दिन!... कौन हूँ मैं? अब... कहाँ हूँ...? यह अनन्त यात्रा!

कुन्ती : *(कुछ क्षणों बाद)* तू अनाथ नहीं है। तेरी चिता सजाने के लिए पंच पांडव पवित्र होकर आएँगे। तेरे सगे अनुज तेरा पिंड चढ़ाएँगे। नियमित रूप से वार्षिक श्राद्ध भी संपन्न करेंगे। तू धर्मनिष्ठ है। तेरी स्वर्ग यात्रा शुभ हो...।
यह माता जो अब तक तुझे कुछ न दे पायी, अब अपनी सारी शक्तियाँ तेरे लिए होम करती है...!

अर्जुन : *(कुन्ती के आत्मालापन पर, कर्ण के प्रति उसके स्नेह-प्रदर्शन पर और सत्य के उजागर होने पर चौंक कर और बाद में आश्चर्य के साथ उसे देखता है। यह अविश्वसनीय दृश्य देख कर शिथिल हो रथ की सीढ़ी पर बैठ जाता है।)* ओहो-पाप, महा पाप! *(शस्त्र नीचे रखता है।)*

गान्धारी : *(टटोलती हुई मंच पर पहुँचती है। अब हाथ की उँगलियों पर गिनने लगती है।)* एक, दो, तीन...

कुन्ती : *(आगे चलने में मदद कर)* न बहन, शेष रही सन्तानों की गिनती करने में अब अधिक उँगलियों की आवश्यकता नहीं।

गान्धारी : कुन्ती देवी, अब मैं कहाँ हूँ?

कुन्ती : मैं यह ठीक-ठीक बताने में असमर्थ हूँ। यद्यपि नेत्रवती हूँ फिर भी देख नहीं सकती।

गान्धारी : तब तो मैं ही अधिक देख लेती हूँ। ऐसा ही है न?

कुन्ती : ऐसा ही है, देवी।
पृथ्वी पर तू ही ऐसी एकलौती माता है जो अपनी सन्तानों को विजय का आशीर्वाद नहीं देती। देवी, कुन्ती तेरे सामने शीश झुकाती है।

गान्धारी : धर्म की ही जीत होती है। परन्तु युद्ध में कभी धर्म नहीं रहता। गिनूँ अब कितने शेष रह गये हैं। *(हाथ की उँगलियों पर गिनते हुए जब कदम बढ़ाती है तब पहले से*

अधिक उद्विग्न और दर्द के साथ कहती है) अब विलम्ब नहीं करना चाहिए। यह धर्मयुद्ध रक्तक्षेत्र बन रहा है...। वह कुंजी कहाँ है?
धर्म की स्वर्णिम कुंजी! स्नेह के सोपान को पार करके जिस श्रीमंदिर में घुसना है...उसके पुजारी की कुंजी? या...?
सब कुछ तहस-नहस हो रहा है। हे भगवान! कम से कम अब तो...! एक... दो... तीन... *(चली जाती है)*

दृश्य चार

(द्रौपदी की आवाज़ दूर कहीं गूँज रही है।)

"गिद्ध ने गिद्ध को चीर डाला...
रक्त-वर्षा हुई, सूरज झुलस उठा।
वर्षा थम गयी, हिमपात रुक गया।
आणव अग्नि में कलियाँ मुरझा गयीं,
दुर्गन्ध फैल गयी, आसमान फट गया।
भूमि चीख उठी...
एक कोंपल ही जीवित बच जाए।"

(द्रौपदी आक्रमणोत्सुक-सी धीरे-से प्रवेश करती है। पीछे-पीछे गान्धारी, कुन्ती और सुभद्रा भी उपर्युक्त पंक्तियाँ दुहराती हुई प्रवेश करती हैं। सब कथापात्रों से विलग होकर एक क्षण के लिए नटियाँ बन जाती हैं। परस्पर ताकती हैं।)

मेधा : अब हम कहाँ हैं?

सारा : यह तो ठीक है। हमने जो गीत गाया, वह बहुत पहले कभी लिखा गया था। किन्तु आज हम उस समय के गाँव के प्राइमरी स्कूल के अहाते में थोड़े ही खड़ी हैं...।

अरुन्धती : बताओ न, फिर हम कहाँ हैं?

(मेधा के मोबाइल से आवाज़ आती है। "इसके बाद मैं दौड़ती हुई आऊँगी। नाटक अभी समाप्त नहीं

हुआ"... मेधा उत्तर देती है।)

स्नेहा : क्या हम अपने-आप को भूल रही हैं? अपने मूल स्वरूप को भूल रही हैं?

सब मिलकर: हम कहाँ हैं? हम कौन हैं?

(सहसा दूर से 'माँ' की पुकार और विजयघोष का अट्टहास सुनाई देता है। तब वे पुनः कथापात्र बनकर अन्वेषण की मुद्रा में चारों दिशाओं की ओर चल पड़ती हैं।

(सुभद्रा युद्धक्षेत्र में अभिमन्यु की खोज में घूमती फिर रही है। हाथ में खिलौने के समान एक मुकुट भी है।)

सुभद्रा : इनमें मेरा कुमार कौन-सा है? अभिमन्यु... इधर तो रुंड मुंड दोनों जुड़े ही नहीं रह गये हैं... शत्रु की क्रूरता का वीभत्स चित्र! फिर गिद्ध भी मँडरा रहे हैं। फिर भी मैं अपने लाडले को ढूँढ़ लूँगी। यदि मैं ही उसे पहचान न पायी तो उसे पहचाननेवाला कौन रहेगा? *(थोड़ी दूर पड़े हुए किसी शव की ओर देखकर)* यह कैसा विलक्षण दृश्य है? कहीं यह मेरा मुन्ना तो नहीं? सिर धड़ से विच्छिन्न नहीं हुआ है। ज़रा-सी खरोंच तक नहीं लगी है। मुख उस ओर मुड़ा हुआ है। रंग थोड़ा फीका पड़ गया है प्रतीत होता है मानो निद्रालीन हो। यदि थोड़ा प्रकाश और होता तो! *(उसे इस प्रकार गोदी में लिटाती है मानो वह कोई शिशु हो)* वह लोरी अब यह माँ भूल चुकी है जो यह पहले गाया करती थी। आज चहुँओर युद्ध ही युद्ध हो रहा है। उससे मिले घाव हैं। उन्हें भरनेवाली यह लोरी ही है। *(गाती है।)* तू मेरा इकलौता बेटा, मेरा रक्षक। पिताश्री, परिवार और कुल का रक्षक और गौरव... तू जागेगा। जाग उठेगा। इस मैया को नवजीवन देगा। लौटेंगी माँ की विगत स्मृतियाँ... ये मुरझाये हुए पौधे पल्लवित होंगे। सारे पक्षियों के नये पंख उगेंगे... *(सहलाती है)*

सैनिक : *(धीरे-धीरे चलकर आता है और यह दृश्य देखकर उद्विग्न हो जाता है।)* मैं थोड़ी दूर खड़ा था। *(नीरसता के साथ)* ओह! क्या, यह सायास हो रहा है या अनायास ही?

सुभद्रा : *(स्वप्नाटन से जागकर)* प्रेम-प्रवाह अनर्गल है। अकारण ही, बिना माँगे। बच्चे के बिन माँगे ही तो माँ उसे दूध पिलाती है न? उसकी भूख को माँ ही पहचान सकती है...

सैनिक : *(असहिष्णु होकर)* यह बात नहीं है। इस शव को यूँ गोद में लिटाकर तुम कैसे सहला सकती हो?... यह कुमार अभिमन्यु के हाथों मारे गये लक्ष्मण का शरीर है... दुर्योधन-पुत्र का शरीर...

सुभद्रा : *(पल भर के लिए चिंतित होकर)* दोनों का स़्रोत तो एक ही है न?

सैनिक : क्या? अभिमन्यु और लक्ष्मण का स्रोत एक ही है?

सुभद्रा : हाँ, सब एक ही स्रोत से जन्म लेते हैं।

सैनिक : अपने पुत्र के प्रति स्नेहातिरेक के कारण देवी मानसिक सन्तुलन खो बैठी हैं। यह हमारा शत्रु है – मेरा शत्रु है। मेरे पुत्र का हत्यारा है।

सुभद्रा : झूठ। यह मेरा ही मुन्ना है। मेरी कोख से जना प्यारा मुन्ना। *(चूमकर)* बेटा, तुझे मैं अभी जी भरकर चूम भी नहीं पायी थी।

सैनिक : *(अदम्य क्रोध से हथियार निकाल कर वार करने को उद्यत होता है।)* मेरा शत्रु। मेरे पुत्र का हत्यारा। मैं इसके टुकड़े-टुकड़े कर डालूँगा।

आवाज़ (दूर से) : **("मा निषाद, मा निषाद" का मंत्रोच्चारण सुनाई पड़ता है। सैनिक नंगी तलवार ऊपर उठाए ही उस ओर ध्यान देता है जहाँ से आवाज़ सुनाई दी थी।)**

सैनिक : शत्रुगण! शत्रुगण, गुप्तचर सब असमय ही रणभूमि में चक्कर काटते रहेंगे। विपक्ष के रहस्य जानने तथा सेना-विन्यास का नक्शा ढूँढ़ने के लिए।

सुभद्रा : वह शत्रु की आवाज़ नहीं है। "मा निषाद"– की पुकार मनुष्य की आवाज़ है। वह "मत मारो"–का गीत ज़ोर से गाते फिरनेवाले विदुर की आवाज़ है।

सैनिक : नहीं! देखो, एक दल इसी ओर आ रहा है। वे शत्रु हैं।

सुभद्रा : आने दो – यदि वे युद्ध करने के लिए आ रहे हैं तो वह

भी हमें ज्ञात होना चाहिए।

सैनिक : आओ। कहीं और खड़े होकर इनके आगमन का उद्देश्य सुनें। अर्जुन भी यही करते हैं...

सुभद्रा : अर्जुन...! कहाँ?

सैनिक : उधर हैं। शायद कुमार को ढूँढ़ रहे होंगे... *(प्रयत्नपूर्वक मनाते हुए)* आइए। हम उधर चलेंगे। आप चाहें तो इस कुमार को भी ले जाएँगे।

सुभद्रा : हाँ, तब जाएँगे... *(मृत शरीर साथ लेकर चल पड़ती है)*

विदुर : *('मा निषाद' रटता हुआ थोड़ी देर बाद प्रवेश करता है)*

विदुर : यही धर्मयुद्ध होने के बाद का कुरुक्षेत्र है। धर्म क्या है? किसी के लिए अधिकार लब्धि का जो गूढ़ मार्ग है वही धर्म है। उनके लिए झूठा द्यूत, वस्त्र-हरण, नारी उत्पीड़न और घूसखोरी धर्म है। एक वर्ग और है – वे धर्म के बारे में निरन्तर गाते रहते हैं। वे उन अवतारी देवताओं के समान हैं जो दृढ़ विश्वास दिलाएँगे कि वे अधर्म नहीं करेंगे। दूसरे लोग उन पर भरोसा करेंगे। ऐसे अंध विश्वासियों के लिए धर्मनिष्ठ व्यक्ति ज़रूरत पड़ने पर छोटे-मोटे अधर्म भी करते हैं। जैसे भगवान कृष्ण और धर्मराज ने किया था। सत्य का अन्वेषण करने के क्रम में असफल हो, उससे चोट खाये हुए हैं ये लोग। कितने व्यक्ति ऐसे होंगे जो इस धर्म के मार्ग पर चरण बढ़ा पाते होंगे?... इन सैकड़ों शवों ने आखिर क्या पाया? धर्म या अधर्म? उन्होंने क्या सीखा है? सत्य या असत्य? नैतिक या अनैतिक मार्ग? उन्होंने किसे अनाथ किया है? महाराज को? कोई भी चक्रवर्ती महाराज युद्ध के बाद अनाथ नहीं होता। अनाथ होती हैं अबलाएँ... अकिंचन ही जड़ से उखड़ जाती हैं...

दृश्य पाँच

(विदुर की आवाज़ सुनाई दे रही है) – फिर भी दूसरे के अधिकार की वस्तु को वापस न करने वाले अधिकार की कुंजी को बाँटे बगैर कसकर थामने वाले युद्ध समाप्त नहीं होने देते।

(गान्धारी धीरे-धीरे चल कर आती है और पत्थर की मूर्ति के समान रंगमध्य में ज़ाकर खड़ी हो दूर तक देखने का प्रयत्न करती है। दुःशासन की 'माते' की पुकार उनके कानों में प्रतिध्वनित होती है। द्रौपदी प्रलय की भाँति प्रबल वेग से दौड़ी आती है।)

द्रौपदी : वे कहाँ हैं? मेरी पाँच सन्तानें, मेरे लाड़ले बच्चे? मैं उन्हें देखना चाहती हूँ।

गान्धारी : यह आवाज़ किसकी है? द्रौपदी है न? पुत्री, इधर मेरे पास आ जा...।

द्रौपदी : ना-ना... अब भी अपना अपमान कराऊँ?... सबका प्रतिशोध लूँगी। नहीं तो इस पांचाल पुत्री को नींद न आएगी...

गान्धारी : किससे प्रतिशोध? किस लिए?

द्रौपदी : क्या अब उसका बखान भी करूँ! सब की आँखों के सामने मेरा जो अपमान हुआ। मेरे पाँचों पति कुछ न कर पाये!

गान्धारी : पुत्री, तुम्हारे उस अपमान का दायित्व मैंने उसी वक्त अपने ऊपर ले लिया था। मैंने और महाराज ने जिज्ञासा प्रकट की थी कि सभा में क्या हुआ था? यह सुनते ही कि भरी सभा में द्रौपदी का अपमान हो रहा है, मैं सन्न रह गयी थी। और ज़ोर-ज़ोर से रोने लगी थी। एक स्त्री ही दूसरी स्त्री की पीड़ा की सहभागी हो सकती है।

द्रौपदी : मुझे बालों से खींचकर भरी सभा में लाया गया। मेरा वस्त्र हरण किया गया। दुर्योधन ने अपनी बायीं जाँघ दिखाकर, मुझे उस पर बैठने की आज्ञा दी... उस दिन मैंने अपने स्त्रीत्व की समस्त शक्तियाँ बटोर कर वहाँ प्रतिज्ञा की...

गान्धारी : ना...ना... उसे दुबारा सुनने की शक्ति मुझमें नहीं।

द्रौपदी : मेरी प्रतिज्ञा का अर्थ वहन मात्र एक व्यक्ति ने किया। उस मेरे भीमसेन ने। मेरे "बालों को खींचने वाले दुःशासन के रक्त से सने हाथों से ही यह जूड़ा बाँधा जाएगा... जिस दुर्योधन ने अपनी जाँघ दिखाकर मुझे उसपर बिठाने का दुस्साहस किया था, उसकी जाँघ को तोड़ दिया जाएगा..." इन दोनों बातों को घटित होना ही था।

गान्धारी : पुत्री...

द्रौपदी : हाँ माँ... स्त्री के लिए उसका मान सबसे बड़ा होता है। यदि वही खो गया तो फिर उसके... जीवित रहने का क्या प्रयोजन! मैंने यही सीखा है कि क्षत्राणी के लिए आत्महत्या से कहीं अधिक वीरोचित प्रतिशोध होता है। *(कुछ पलों बाद)* मार डालेंगे... समस्त कौरव वंश को जलाकर राख कर देंगे...

गान्धारी : कौन मारेगा उन्हें?

द्रौपदी : जब तक भीम जीवित है, मुझे कोई डर नहीं। अर्जुन भी तो है... उनके अलावा मेरे पाँच वीर पुत्र जो सब कुछ करने की क्षमता रखते हैं।

गान्धारी : जो भी हो – दुर्योधन को और उसके हितैषियों का वध करवाने वाली मेरी बेटी नहीं हो सकती।

द्रौपदी : एक स्त्री के लिए उसका विधान नहीं है। नहीं तो मैं स्वयं

ही वध कर देती।

गान्धारी : अब तक चले युद्ध की कहानी तो तुम जान ही गयी होगी...। मारने और मारे जाने के लिए अब अधिक लोग नहीं बचे हैं... केवल तुम्हारी और मेरी सन्तानें ही शेष रह गयीं हैं।

भीम, अर्जुन, कर्ण, दुर्योधन कोई भी अजेय नहीं हैं।

द्रौपदी : अर्थात्?

गान्धारी : कौन कब मारा जाएगा – यह पहले नहीं बताया जा सकता।

द्रौपदी : जब तक भीम है...

गान्धारी : भीम अपने पुत्र घटोत्कच को बचा नहीं सका। तुमसे उत्पन्न भीम का पुत्र श्रुतसोम भी अरक्षित होकर मारा गया।

द्रौपदी : *(चौंक कर)* मेरा श्रुतसोम भी मारा गया!

गान्धारी : अर्जुन का वीरपुत्र भी इहलोक में नहीं रहा।

द्रौपदी : अभिमन्यु...!

गान्धारी : हाँ, वही सिंह। मेरे हृदय-प्रांगण में सदैव खेलता-कूदता रहा मेरा लाड़ला – मेरी आँखों का तारा...

द्रौपदी : ऐं...?

गान्धारी : पुत्री। यही युद्ध है... छल, कपट, अधर्म-युद्ध में यही तो होता है... मेरा पुत्र यदि हस्तिनापुर में राज कर रहा है तो वह भी अधर्म के सहारे न? धर्म की कुंजी अब राजमहल में नहीं है।

द्रौपदी : उसे हस्तगत करना होगा, युद्ध के द्वारा। रक्त की नदी तैर कर पार करनी होगी... ये खुले हुए केश मुझे किसी दिन बाँधने होंगे।... मैं पाँच वीर सन्तानों की माँ हूँ।

गान्धारी : सौ पुत्रों की माँ थी मैं। हमारी सन्तानों में कौन-कौन जीवित बचा हुआ है, अगले दिन का युद्ध करने के लिए इतना जानना ही पर्याप्त है न? तुम्हारे पाँच पुत्रों में अब कौन बचा है? तुम ने अपने पाँच वीर पतियों को एक-एक राजकुमार दिया था न? तुम्हारे वे पुत्र कहाँ हैं? प्रतिविंध्य, श्रुतसोम, श्रुतकीर्ति, श्रुतकर्मा। उनके कबंध

कहीं पड़े मिलेंगे। जाकर देखो, तुम्हारी तो आँखें हैं न? देख भी सकती हो... हूँ... इस रणभूमि में यत्र-तत्र छिन्न-भिन्न पड़े हुए शवों में से मित्र कौन हैं और शत्रु कौन? ढूँढ़ कर दिखाओ।

द्रौपदी : *(चारों ओर का आकाश देख चिल्ला पड़ती है)* घोर अन्धकार फैला हुआ है। सब तमावृत है।

गान्धारी : फिर भी इनमें से अपनी सन्तान को तो पहचान सकोगी न? रास्ता दिखलाने हम भी आएँगे। हम जो वृद्ध और अन्धे हैं, इस रास्ते से अधिक परिचित हैं – हूँ... इधर से चलो। *(दोनों रणभूमि में यहाँ-वहाँ घूमती हैं)*

द्रौपदी : युद्ध इतना भयानक होता है? किसी की भी पहचान नहीं हो पाती... कबन्ध, धड़ विहीन मुंड... कुछ उस ओर सिर किए मानो निद्रालीन हों... कुछ के मुख पर क्षीण मुस्कुराहट का भाव है तो कुछ मुख ऐसे भी हैं जो जगत की निस्सारता की मुद्रा धारण किए हुए *(एक शव की ओर ध्यान से देखती है, फिर ज़ोर से... चिल्ला उठती है)* – हाय, हाय! मेरे पाँचों बच्चे...

गान्धारी : सदा के लिए।

द्रौपदी : *(चौंक कर)* ओह... चले गये क्या...। हे भगवान... हाँ... उधर जो पड़ा हुआ है... वही है न ? मेरा लाड़ला... *(एक शरीर गोद में रखकर बिलखने लगती है)* मेरे प्यारे पुत्र...

कुन्ती : *(प्रवेश करती है। मृतशरीर को ध्यान से देख कर)* यह तेरा पुत्र श्रुतकीर्ति नहीं है।

द्रौपदी : फिर?

कुन्ती : तुम्हारी गोद में जो लेटा हुआ है, वह दुःशासन का पुत्र है, तुम्हारे शत्रु का पुत्र!

द्रौपदी : हैं, क्या? नहीं...नहीं... यह मेरा पुत्र है...

गान्धारी : मैं, अभी बता दूँगी... *(मृतशरीर के हाथों को टटोल कर)* यह दुःशासन का पुत्र है... देख... इसकी उँगली में हीरे की अंगूठी है जो मैंने भेंट दी थी।

द्रौपदी : नहीं – यह मेरा पुत्र है... नहीं तो...*(घूम-फिर कर)* मेरा

पुत्र कौन-सा है?... इस ओर लेटा हुआ कुमार है क्या? मेरे पुत्र के ही समान विशाल वक्षस्थल, सुगठित शरीर, आजानुबाहु... *(और कहीं देखकर)* या... यह बालक! भोला भाला-सा...? मेरे पुत्र के समान सुन्दर। मेरे पुत्र कहाँ हैं? 'माते' पुकारता हुआ दौड़ा-दौड़ा आनेवाला मेरा श्रुतकर्मा। *(अन्त में)* ये सभी मेरे पुत्र हैं... मैं एक माता हूँ... *(सब ओर घूम-फिरकर...)* इन्हें किसने मारा है...?

गान्धारी : अब विचार करो, तुम और मैं दोनों दोषी हैं न?

द्रौपदी : माँ!

गान्धारी : हाँ, पुत्री। यह युद्ध किस के लिए हो रहा है? अधिकार स्थापित करने के लिए, स्त्री और स्वर्ण हथियाने के लिए। वह कुंजी किसी और के हाथ में न चली जाए, इसलिए? मेरा पुत्र हो तो भी...

द्रौपदी : मैं कुछ समझी नहीं...

गान्धारी : तुमने अपने केश खुले क्यों छोड़ रखे हैं? वर्षोपरांत भी उन्हें बाँध कर सुन्दर क्यों नहीं दिखना चाहतीं?

द्रौपदी : *(चिंता-मग्न हो अतीत की स्मृतियों की गहराई से टटोलती हुई)* मैंने प्रतिज्ञा की थी कि दुःशासन के रक्त में सने हाथों से ही इन्हें बाँधूँगी...

गान्धारी : दुःशासन मेरा पुत्र है। यदि उसका रक्त बहा तो मुझे भी पीड़ा होगी न? जैसे तुम आज मतिभ्रम में हो। सब-के-सब हमारी ही सन्तान हैं। उनके लाल रक्त से, उस रक्त की छींटों से क्या हमें अपने कमनीय काले केशों को पाप पंकिल करना चाहिए?

द्रौपदी : यह एक वंश के अस्तित्व को बनाये रखने के लिए लिया गया व्रत है!

गान्धारी : हर प्रतिज्ञा के पीछे कोई बड़ी प्रेरणा या कारण अवश्य होता है। शायद वह किसी दूसरे वंश के सर्वनाश का रास्ता खोलती है।

द्रौपदी : माते!

गान्धारी : हाँ पुत्री! इस क्षण की जय आगामी क्षण की पराजय हो सकती है। यही युद्ध है। कुरुक्षेत्र के युद्ध को प्रारम्भ हुए

सत्रह दिवस बीत गये हैं। मृतकों की तो अब कोई गिनती ही नहीं रही। हमें केवल सेनानायकों और महारथियों की मृत्यु ही ज्ञात हो पायी है। दोनों पक्षों के हज़ारों बन्धुजन मर चुके हैं। कई हज़ार साधारण जन ऐसे भी हैं ज़िनकी गणना ही नहीं हुई है। हमारी सन्तानें और उनकी संतानें इस संसार से विदा हो गयी हैं... अब शेष हैं तो मात्र चार-पाँच जन!

द्रौपदी : और अन्त में?

गान्धारी : सोचो। अब... सब के जाने के पश्चात् हमारी क्या दशा होगी, जब हम अकेले रह जाएँगे। वीरों की चिता सजाने के लिए भी कोई शेष न रहेगा... तर्पण के लिए भी कोई नहीं बचेगा...

द्रौपदी : तब?

गान्धारी : यदि हम सारी माताएँ, पत्नियाँ, भगिनियाँ यह निश्चय कर लें...कि हमें अधिकार कुंजी ढूँढ़ निकालनी है। सिंहासन पर धर्म को प्रतिष्ठापित करना है। वह अधिकार किसी के द्वारा प्रदत्त नहीं अपितु हमारा है। निश्चय करो।

(दूर अट्टहास सुनकर सब उस ओर ध्यान देते हैं)

हिडिंबा : **(प्रवेश करती है, जंगली आदिवासियों का-सा वेश, अतीव सुन्दरी। क्रुद्ध भाव। क्रोध से शरीर थर-थर काँप रहा है। तांडव नर्तन करती मंच पर प्रवेश करती है। दूसरे लोग स्तब्ध होकर परस्पर ताकते हुए खड़े हो जाते हैं।)**...

किधर है मेरा घटोत्कच?
लाडला पुत्र वह मेरा
अटवि ने मुझ को दिया था जो
दयापूर्वक दान
व्याघ्र, सिंह व क्रूर जीवों से
आदि से मुझको बचाता
वन के कन्द-मूल खाता
जंगली-मधु पान करता
काननाग्नि में पला जो

कानों पर विजय पाता
सघन वन की गुफाओं में
करता हुआ अठखेलियाँ
गिरिवरों को लाँघ आया
पिता के साथ युद्ध करने
किधर है मेरा भीम-आत्मज
लाडला मेरा घटोत्कच?
बाट जोह रही अभी तक
जंगलों में मैं
यह हिडिंबा, वन-दुहिता
भीम-पत्नी, किन्तु मैं हूँ
एक वीर-विद्रोहिणी

गान्धारी और द्रौपदी : यह कौन है?

(हताशा की प्रतिमूर्ति के समान कुन्ती प्रवेश करती है।)

कुन्ती : *(धीरे-धीरे हिडिंबा को पहचान कर स्नेह, वात्सल्य और दुःख भरे स्वर में)* हिडिंबा! *(दोनों चंद पलों के लिए एक-दूसरे के विगत वनवास की स्मृतियों में डूब जाती हैं।)* मैं भीम की माता... कुन्ती... दुःखिनी कुन्ती जिसका सर्वस्व नष्ट हो चुका है...

हिडिंबा : माँ...!

कुन्ती : तुम्हें पुनः देखने का सुयोग तो मिला...

हिडिंबा : घटोत्कच कहाँ है?

कुन्ती : सब विधि का विधान है। इस श्मशान भूमि में मृत पड़े हुओं में एक वह वीर केसरी भी होगा... मैं भी आती हूँ। हम उसे ढूँढ़ लेंगे। मेरा वह पहला पोता था जो मेरी रक्षा हेतु कानन छोड़कर कुरुक्षेत्र की ओर भागा चला आया!

(सब मिलकर रणभूमि में ढूँढ़ते हैं।)

गान्धारी : वह भी युद्ध में धराशायी हुआ।

कुन्ती : उसे किसने धराशायी किया है?

गान्धारी : किसी और ने नहीं। स्वयं कर्ण ने युद्ध के चौदहवें दिन इन्द्र द्वारा प्रदत्त दैवीय मंत्रशक्ति युक्त सांग के द्वारा उसका

वध किया। कर्ण से कवच-कुंडल प्राप्त होने पर इन्द्र ने उसे प्रत्युपकार के रूप में यह सांग भेंट की थी। उसे केवल एक ही बार प्रयोग में लाया जा सकता था। उसके बाद वह पुनः इन्द्र के पास लौट जाती। अर्जुन को मारने के लिए बचाकर रखी गयी शक्तिशाली सांग से घटोत्कच का वध हुआ।

हिडिंबा : *(क्रोध से गर्जन करती हुई)* कहाँ है कर्ण? मैं उसे मार डालूँगी। मैं नरभक्षी राक्षसी बन जाऊँगी। अरे कर्ण...।

कुन्ती : नहीं पुत्री, उसे उसके अनुज ने ही मार डाला है।

हिडिंबा : घटोत्कच... *(पल भर का मौन)*

गान्धारी : पाप, महापाप। हे भगवान! तेरे अधर्मों का कोई अन्त नहीं है क्या?

द्रौपदी : माते...!

गान्धारी : *('माते' की पुकार सुनती है। चिंतित होकर)* लगता है जैसे सुयोधन पुकार रहा है। समय आ गया है – मैं अभी आ रही हूँ। *(जल्दी से चली जाती है)*

हिडिंबा : घटोत्कच कहाँ है...?

कुन्ती : वह साक्षात् महाराक्षस, रणभूमि पर पाँव रखते ही कुछ क्षणों में एक तेजस्वी कुमार बन गया। अभिमन्यु, लक्ष्मण और विकर्ण के समान।

हिडिंबा : मेरा मुन्ना कहाँ है?

कुन्ती : आओ, चलो... हम उसे ढूँढ़ निकालेंगे। *(सब चक्कर काटती हैं।)* इस विस्तृत श्मशान भूमि में वह भी कहीं विश्राम कर रहा होगा। देखो, सुना है कि वह आहत होकर उधर ही गिर पड़ा था।

हिडिंबा : काक और गिद्ध चोंच मार-मारकर यह क्या खा रहे हैं?

कुन्ती : हमारे राजदुलारों, हमारे लाडले बच्चों को... हम वीर-प्रसू माताओं के लिए इससे अधिक गर्व की बात और क्या हो सकती है?...

हिडिंबा : लो। वह रहा मेरा घटोत्कच। किन्तु उसका रूप वन-प्रांतर के बालक जैसा नहीं, राजकुमार जैसा है। फिर भी मुख, चमकते नयन, कलश जैसा केशविहीन शीश...

वैसे ही हैं। भीम का बल। कानन का सौन्दर्य। आ जा मुन्ना, तू कानन लौटकर नहीं आया तो टीले, नदी-नाले सब पार करके मैं ही घूमते-फिरते तुझे देखने इधर आ पहुँची...। आ जा...। *(एक शव को पुचकारती है।)*

कुन्ती : पुत्री... क्या वह घटोत्कच है? वह घटोत्कच नहीं है। तू दुर्योधन के पुत्र को पुचकार रही है – अपने शत्रु के पुत्र को!

हिडिंबा : नहीं, मेरे मन में फिर इसके प्रति प्रेम क्यों उमड़ रहा है? देखो, क्या यह मुझे देखकर कुछ कह नहीं रहा है?

द्रौपदी : हिडिंबा भी मेरे समान...

कुन्ती : मृत्यु के बाद हमारी सब सन्तानें एक जैसी ही दिखाई देती हैं। पहचान में न आनेवाली लाशें...?

(स्त्रियों का एक दल बिलखता हुआ प्रवेश करता है।)

पहली स्त्री : हम दासियाँ, झाड़ू लगाकर महल और अंतःपुर की साफ़-सफाई करनेवाली ।

दूसरी स्त्री : हम दासियाँ, आज्ञा पालन के लिए ही जन्मी
घर, देश और महल में आज्ञानुवर्तिनी रहीं...
राह दिखाने वाली।

तीसरी स्त्री : जिनके पास आवाज़ नहीं – प्रश्न नहीं – शंकाग्रस्त ही जिन्हें रहना है । भाई, पति और पुत्र की आज्ञाओं को बिना प्रश्न किये, मौन होकर शिरोधार्य करनेवाली...

चौथी स्त्री : नहीं तो, क्या युद्ध के लिए जाते वक्त हमसे एक शब्द तो कहना चाहिए था न? अन्त में सुना भी तो क्या सुना?... मृत्यु का समाचार!...

पहली स्त्री : मेरा भाई!

दूसरी स्त्री : मेरा बेटा!

तीसरी स्त्री : मेरा पति!

चौथी स्त्री : अब वे इस ओर कभी नहीं आएँगे। तुम पहले मौन क्यों खड़ी रहीं? इसीलिए वे चले गये न...?

पहली स्त्री : हम और कर भी क्या सकती थीं?

चौथी स्त्री : उनके समक्ष अपनी शंकाएँ रखनी थीं। उन्हें रोकना था। यदि वे युद्ध में मारे जाएँ तो यह महाराजाओं के लिए गर्व

की बात हो सकती है किन्तु, हमारे बच्चों के लिए तो अनाथत्व है! *(स्त्रियाँ मिलकर)* – आगे से हम कभी अपने पुरुषों को रणभूमि में नहीं भेजेंगी जिससे वे मरकर श्मशान पहुँच जाएँ...

चौथी स्त्री : और यदि वे हमारा कहना न मानकर फिर भी युद्ध करने निकल पड़ें तो?

और तीनों स्त्रियाँ : फिर उनकी जय हो या पराजय, वे रहेंगे सदैव घर के बाहर।

चौथी स्त्री : *(अमर्ष के मारे)* किवाड़ बन्द कर के पिंडदान के उपरांत घर साफ़ करना है।

(चारों मिलकर) : हम दासियाँ –
स्त्रियों का दल *(दृढ़ निश्चय के साथ)*

हम ग्रामवासिनी, झुग्गी वासिनी
बाहर स्थित गन्दी बस्ती में
विषमताएँ झेलकर, दम तोड़कर
जीवन-यापन करनेवाली
झुग्गी में रहनेवाली

पहली स्त्री : महायुद्ध के प्रलयाग्नि में सबकुछ जलकर राख हो गया। वन जल गये, जल सूख गया।

दूसरी स्त्री : विषाक्त वायु का श्वास द्वारा सेवन करने से सारे जीवजन्तु मर रहे हैं।

तीसरी स्त्री : शस्त्र विद्या का जो प्रयोग युद्ध में होता है, उसमें अब विज्ञान की, विज्ञान विद्या में अग्नि उगलने वाले नयी खोज अर्थात् परमाणु-विस्फोटन की पताका फहरा रही है। झोंपड़ियाँ तक जल जाती हैं। विध्वंस के अन्त में मृत्यु-मंत्र रह जाता है!

बूँद भर भी पेयजल
मिलता नहीं जो अणुमुक्त हो
जली लाशें बह रही हैं
जिन नदी नालों से हो।

कुन्ती : कौन हो तुम लोग?

पहली स्त्री : हम दासियाँ हैं। हम यह विनम्र निवेदन करने आयी हैं कि

इस युद्ध से हम अत्यधिक संतप्त हैं।

दूसरी स्त्री : हम झुग्गी निवासी हैं। ये अस्त्र, परमाणु-विस्फोटक आदि देश भर में विपत्तियों के बीज बो रहे हैं – इस बात की सूचना देते हुए हम गायन करती फिरती हैं। महायुद्धों ने इन्हें विस्मृत कर दिया और... इतिहासकारों ने इनकी उपेक्षा की।

कुन्ती : तुम सब अब तक कहाँ थीं? किस अन्धकार में छिपी रहीं? क्या शयन कक्षों में ही...?

(स्त्रियाँ मिलकर) : शयन कक्ष में, रसोईघर में, गलियों में... पिता चल बसे, तो रसोई घर गया, फिर पति भी चले गये। सारे बेटे भी एक-एक करके चले गये... आज हमारा शयन कक्ष सूना पड़ा है, रसोई घर दरिद्र, गली श्मशान सी मूक। राजाओं के बीच चलने वाले इस महायुद्ध का अन्त कब होगा?... हमारे आँसू कब थमेंगे?

गान्धारी : *(यह प्रश्न सुनती हुई प्रवेश करती है। हाथ में सोने की चाबियों का गुच्छा है। मुख पर पहले से अधिक तेजस्विता और उत्साह है।)*... महाराजा का हृदय-परिवर्तन हो रहा है।

दूसरे लोग : *(आश्चर्य के साथ)* ऐं!

गान्धारी : मैं महाराज सुयोधन के सैन्य-शिविर से आ रही हूँ। मैंने उसे युद्ध के आरम्भ में अपने द्वारा दिया गया आशीर्वाद का स्मरण कराया है–

"यतो धर्म
स्ततो जय"।

मेरा कुमार बिलकुल बदल गया है।

दूसरे लोग : सन्तानें, बन्धुबान्धव, शत्रुगण आचार्य, सेनानायक सब प्राण गँवा चुके हैं। अब अकेले रह जाने पर पराजय का भय व्याप रहा होगा।

गान्धारी : नहीं। मेरा बेटा अब यह जान गया है कि उसके अपने कर्म भी अधर्म में लिप्त हैं! लो यह चाबी पकड़ो।

कुन्ती : तब?

गान्धारी : पांडव और कौरव – दोनों ही पक्षों में छिपा बैठा अधर्म

रूपी शेषनाग ही फण फैला कर नाच उठा था। भगवान कृष्ण भी उसके हेतु और कारण बने।

कुन्ती : अब हमको...?

गान्धारी : मेरा कुमार फूट-फूटकर रो पड़ा। उसने अपने आँसुओं से मेरे पैर धोये। उस संघर्ष का कारण अब तक मेरी समझ में नहीं आया है...

कुन्ती : *(प्रत्याशा के साथ)* तब पांडव भी हस्तिनापुर में...

गान्धारी : *(कुंजियों का गुच्छा दिखाकर)* लो।... महाराज सुयोधन ने यह तुम्हें सौंपा है।

कुन्ती : पुत्री, द्रौपदी... क्या उत्तर हूँ। *(द्रौपदी और हिडिंबा परस्पर देखती हैं। द्रौपदी अपने खुले हुए केश सहलाती हैं।)*

गान्धारी : हमें भगवान कृष्ण से ही पूछना चाहिए। युद्ध को आरम्भ हुए कितने दिन हुए?

क्या,
यहाँ सत्य ही जलता रहा है!
यहाँ तो अधर्म ही लड़ता रहा है?
हिंसा में डूबा हुआ शासन है।
खत्म करो माधव माया और मंत्र को
खत्म करो केशव इस मिथ्या प्रपंच को...

(प्रत्युत्तर के रूप में दूर से मुरली का स्वर सुनाई देता है।)

द्रौपदी : *(व्याकुल... केश सँवार रही है)* माते...!

कुन्ती : *(उत्तर देने में असमर्थ-सी)* पुत्री...

गान्धारी : तुम्हारे खुले और बिखरे हुए केश न बँध पाए! तुम्हारा संघर्ष मैं समझती हूँ...।

(सुभद्रा प्रवेश करती है जैसे स्वप्नाटन में हो। हाथ में मुकुट है।)

स्त्रियाँ : *(चुप)* – हमें मालूम है। आओ, उस पीड़ा को हम भी बाँट लें।

गान्धारी : तुमने सुना?... अब तो इन्हें बाँध लो। *(गान्धारी, कुन्ती, हिडिंबा और सुभद्रा मिलकर द्रौपदी के बालों को बाँधती हैं। दूसरी स्त्रियाँ भी उसमें भागीदार बनती हैं। मानो वे*

किसी अनुष्ठान में हों और एक साथ गाती हैं...।)

नील नभ में उड़ रहे हैं विहग वृत्ताकार
काक भी, गिद्ध भी, कपोत भी,
उन खगों की कलध्वनि में नभ हुआ रक्ताभ।

यह सुनकर

मध्याह्न में सूर्य की मादक हँसी फूटी।
रात्रि को चाँद ने मुस्कान बरसायी।
ऋतुचक्रों ने रंग बिखेरे, सुगन्ध फैलायी।
ऋतुमती हो पृथ्वी चित लेटी रही।।

रक्त की गन्ध अब तीव्र हो उठी –

गिद्ध के नेत्र लाल हो उठे
चोंच मार-मारकर खा लिया कबूतर को
सूर्य नभ में हो उठा रक्ताभ
गिद्ध ने खा लिया बेचारे काक को
गगन में चाँद भी लोहित हो उठा।

सृष्टि का अन्त

गिद्ध ने गिद्ध को चीर डाला
रक्त-वर्षा हुई, सूर्य झुलस गया।
वर्षा थम गयी, हिमपात रुक गया।
आणव-अग्नि में कलियाँ मुरझा गयीं
दुर्गन्ध फैल गयी, आसमान फट गया
भूमि तब चीख उठी...
एक कोंपल ही जीवित...।

मेधा : यह तो व्यास की आवाज़ है!

सारा : नहीं, विदुर का वाक्य है।

अरुन्धती : वह निर्देशक है या पुजारी?

अजिता : पांडवों की प्रतीक्षा में...

स्नेहा : पूजा की वनस्थली या कुरुक्षेत्र?

(सब मिलकर) : यह हमारी आवाज़ है *(सभासदों को लक्ष्य करके)* और आप लोगों की भी...

कुन्ती : अब वार्षिक श्राद्ध सम्पन्न होगा। पृथ्वी के हतों की माताएँ अपने दुग्ध से बलि देंगी, अश्रुओं से तर्पण करेंगी!

(नट-नटी आपस में इस बात की प्रसन्नता बाँट रहे हैं कि नाटक का अभिनय सफल हुआ। सन्नाटा।)

(निर्देशक पुजारी के वेश में प्रवेश करता है।)

पुजारी : *(ऊपर की ओर देख, अदृश्य पांडवों को लक्ष्य कर)* महर्षि व्यास द्वारा वर्णित अतिक्रमण, अत्याचार और रक्तपात की इस महागाथा को संतप्त हृदय वालों तक संप्रेषित करने में जो आवश्यक परिवर्तन किए गये हैं, उनके लिए क्षमा करें। यदि आप इस प्रस्तुति से तृप्त हुए हैं तो माताओं के अश्रुओं से सिक्त इस मिट्टी की ओर कृपया पधारें... इस धरती को अनुगृहीत कर इसे पावन करें। यहाँ का जन-सागर श्रद्धा-पूर्वक आपकी प्रतीक्षा कर रहा है... यहाँ... इधर... *(सब उत्सुक होकर चारों ओर देखने लगते हैं। श्रद्धापूर्वक हाथ जोड़कर खड़े रहते हैं। थोड़ी देर का मौन...*

(धीरे-धीरे दूर से मंगल-सूचक वेणु का स्वर बहता चला आता है...)

पर्दा